RITOS DE PASSAGEM PARA BRUXOS MODERNOS

RITOS DE PASSAGEM PARA BRUXOS MODERNOS

Celebrando os Ciclos da Vida na Wicca

Claudiney Prieto

ARDANE

RITOS DE PASSAGEM PARA BRUXOS MODERNOS
AUTOR: CLAUDINEY PRIETO

Editor: Claudiney Prieto
Tradução: Ardane Books
Revisão: Denise de Albuquerque
Projeto Gráfico: Alquimia Criativa
Diagramação: Priscila Souza
Capa: Ardane Books

DADOS INTERNACIONAIS DE CATALOGAÇÃO NA PUBLICAÇÃO

P949 PRIETO, Claudiney
Ritos de Passagem para Bruxos Modernos - Celebrando os Ciclos da Vida na Wicca / Claudiney Prieto. São Paulo - SP, Editora Ardane, 2025.

ISBN 978-65-85370-43-1

1. Wicca. 2. Bruxaria 3. Esoterismo. 4. Magia. I. Título.

CDD 133.43
CDU 133.4

Índice para catálogo sistêmico: 1. Bruxaria: Ocultismo 133-43

EDITORA ARDANE
www.ardane.com.br
Fone: (11) 97774-4013
E-mail: contato@ardane.com.br
Instagram: @ardanebooks

Dedico este livro aos novos Sacerdotes da Antiga Religião, que estão despertando a memória viva do universo e contribuindo para o amanhã — resgatando, renovando e reinventando Ritos de Passagem para a criação de uma humanidade mais justa evoluída.

SUMÁRIO

LEGADO

Há alguns que conheci
Que talvez eu nunca mais veja
Neste mundo selvagem e louco.
E, contudo, eles vivem dentro de mim
E sorriem através dos meus sorrisos,
Vivem intensamente em meu coração.

Assim, eu jamais esquecerei
O que eles fizeram por mim.
Conforme caminho em direção ao meu tempo,
Recordo quem sou.

Apenas uma pequena centelha passageira
Da luz que conhecemos,
Que nos ajuda a amar,
Nos ajuda a crescer,
Mesmo quando se encontra sozinha no escuro.

Os bebês que agora seguro
Serão acolhidos como eu fui,
Cheios de maravilha e paz?
Eles aprenderão a me amar?
Eles aprenderão a viver,
A dar e a receber,
De maneira que, quando crescerem,
Ainda me honrem?

Mostro-me fiel aos Anciões que conheço?
Sou grata por tê-los ao meu redor.
Mas procuro diariamente
Uma forma simples de compartilhar com eles
O que descobri?

E, sim, alguns já partiram
Para o grande e distante além,
E, ainda assim, vivem nas recordações
De nossos dias,
Em que dançamos e cantamos,
E choramos de dor.

Então rimos uma vez mais
E, sim, às vezes rezamos.
Quando meu tempo aqui terminar,
Quem pensará então em mim?

O que de mim sobreviverá
Naqueles que ainda estiverem vivos?
Eles se sentirão felizes e livres?

O que de mim sobreviverá?
Que seja o AMOR como meu legado!

Por Elaine Marie Kolb

NOTA DO AUTOR

Ao escrever este livro, em 2005, meu objetivo era explorar e compartilhar os ritos sagrados que marcam as transições na vida humana dentro da Wicca. Esses ritos, profundamente enraizados na nossa conexão com a natureza e com o Sagrado, têm o poder de transformar e fortalecer nossos laços comunitários e espirituais. Na época em que este livro foi concebido, muitos temas essenciais que hoje são discutidos abertamente ainda estavam nas sombras, e a transexualidade, em particular, não tinha a visibilidade ou o entendimento teórico que possui atualmente.

A sociedade passou por transformações significativas nas últimas décadas, e o reconhecimento da diversidade de gênero tornou-se uma parte essencial do discurso social e espiritual. Como autor, é minha responsabilidade reconhecer que a falta de inclusão de rituais específicos para pessoas trans e com uma linguagem mais inclusiva pode fazer com que esta obra pareça defasada ou até mesmo heteronormativa aos olhos dos leitores contemporâneos. No entanto, é importante frisar que essa nunca foi minha intenção.

A Bruxaria, como caminho espiritual, deve ser um espaço onde a diversidade é celebrada e onde todas as identidades de gênero encontram um lugar de respeito e honra. Embora os símbolos tradicionais da Wicca muitas vezes encontrem eco nas figuras da Deusa e do Deus, refletindo uma dualidade que pode parecer heteronormativa, isso não significa que essa é a única ou a melhor maneira de vivenciar o Sagrado e perceber essas duas energias. Pelo contrário, a Wicca é um caminho flexível e inclusivo, que deve evoluir com o tempo e com o entendimento crescente da diversidade humana.

É importante reconhecer que, embora muitos dos símbolos e rituais tradicionais da Wicca possam parecer centrados em uma dualidade de gênero específica, isso não deve ser interpretado como uma exclusão de outras identidades de gênero. A Deusa e o Deus, em suas muitas formas e aspectos, representam energias universais que transcendem as limitações humanas. Eles são arquétipos poderosos que podem ser compreendidos e vivenciados de maneiras infinitas, adaptando-se às necessidades e experiências de cada praticante.

Entendo a Arte como um caminho que celebra a diversidade em todas as suas formas, onde a transexualidade e a diversidade de gênero devem ser plenamente vividas e celebradas, inclusive por meio de seus rituais sagrados. Nesse sentido, os Ritos de Passagem são vitais porque celebram a natureza humana em suas diversas etapas e promovem o crescimento pessoal e espiritual. Cada transição, seja ela de nascimento, puberdade, maturidade, velhice ou morte, deve ser marcada e honrada de maneira que respeite a identidade de cada indivíduo.

Este preâmbulo serve para esclarecer e reparar qualquer equívoco que possa ter sido gerado pela versão original desta obra. Ele também preenche uma lacuna que, à época, não foi plenamente satisfeita. Ao passar os olhos pelas páginas desta obra, será possível perceber que os rituais encontrados neste livro seguem os mesmos, sem qualquer modificação. Ou seja, rituais específicos para pessoas trans não foram adicionados a esta nova edição, como muitos poderiam esperar. Isso se dá porque acredito firmemente que não há necessidade de criar rituais separados. Os rituais descritos para homens e mulheres podem ser utilizados por pessoas trans de acordo com o gênero com o qual se identificam. Se você se identifica como uma mulher, os rituais destinados às mulheres são para você. Se você se identifica como um homem, os rituais destinados aos homens são para você. E, se sua identidade de gênero é fluida ou não binária, encorajo a adaptar os rituais de maneira que ressoem com você. A diversidade de gênero, incluindo a transexualidade, deve ser plenamente integrada em nossas práticas espirituais. Os rituais descritos neste livro foram escritos com a intenção de serem flexíveis e adaptáveis. Eles fornecem uma estrutura que pode ser personalizada para refletir a identidade e a experiência de cada indivíduo.

A realidade humana é diversa, e a identidade de gênero é fluida. Algumas pessoas podem sentir a necessidade de adaptar esses rituais para incluir completamente suas experiências e identidades únicas. Encorajo cada praticante a usar os rituais apresentados neste livro como uma base sólida e a adaptá-los conforme necessário para atender às suas necessidades e visões de mundo. A flexibilidade e a criatividade são partes fundamentais da prática Wicca, e cada indivíduo deve sentir-se empoderado para moldar os rituais de maneira que melhor reflita sua jornada pessoal e espiritual.

A prática da Wicca é, acima de tudo, uma jornada de descobertas e crescimento. Não há uma maneira única ou correta de celebrar o Sagrado. Cada um de nós traz uma perspectiva única e valiosa para a prática, e é essa diversidade que enriquece nossa comunidade e nos fortalece como indivíduos. Ao adaptar os rituais para refletir nossas identidades e experiências, estamos honrando o espírito da Wicca, que é de inclusão, respeito e celebração da vida em todas as suas formas.

Desde a publicação original deste livro, tenho refletido profundamente sobre como a Wicca pode e deve ser um espaço inclusivo para todos, independentemente de identidade de gênero, orientação sexual ou qualquer outra característica que nos torne únicos. A Wicca, em sua essência, é uma prática espiritual que valoriza a conexão com o Divino em todas as manifestações. É uma religião que celebra a vida, a natureza e a diversidade, e é precisamente isso que torna nossa prática rica e significativa.

Ao celebrar Ritos de Passagem, estamos honrando as transições naturais da vida humana. Esses rituais não são apenas marcos sociais, mas momentos de profunda transformação interior. Eles nos conectam com a essência do que significa ser humano e nos lembram de nossa ligação com o ciclo eterno da vida, morte e renascimento. Cada rito é uma oportunidade de refletir sobre nossa jornada pessoal, reconhecer nossas conquistas, aprender com nossos desafios e nos preparar para o que está por vir.

A inclusão e a celebração da diversidade de gênero na Arte não são apenas uma questão de justiça ou de alinhamento com valores modernos, mas uma expressão profunda do espírito da Wicca. Ao abraçar a diversidade, estamos reconhecendo a sacralidade inerente a cada indivíduo e a importância de cada jornada pessoal. Estamos fortalecendo nossos laços comunitários e espirituais, e estamos contribuindo para um mundo mais harmonioso e equilibrado. A Wicca deve ser um refúgio seguro e acolhedor para todos que buscam a conexão com o Divino, independentemente de como se identifiquem ou se apresentem ao mundo.

A natureza dos Ritos de Passagem na Wicca está profundamente ligada à celebração da vida em todas as suas maneiras e ciclos, honrando a Deusa e o Deus em suas multiplicidades e reconhecendo que eles representam aspectos complementares da divindade que transcendem qualquer definição rígida de gênero. Essa flexibilidade simbólica é fundamental para entender que os rituais e cerimônias descritos neste livro são ferramentas que podem ser moldadas para refletir as diversas identidades e experiências dos praticantes.

Os Ritos de Passagem descritos neste livro, como os rituais de menarca, puberdade, casamento e morte, foram concebidos para marcar momentos significativos de transformação pessoal e espiritual. Esses rituais são oportunidades para celebrar a jornada única de cada indivíduo, reconhecendo suas transições e honrando suas conquistas. No entanto, é essencial lembrar que cada praticante traz consigo uma história e identidade únicas que podem enriquecer e transformar esses rituais.

Para as pessoas trans, a adaptação desses rituais pode ser uma forma poderosa de afirmar sua identidade e celebrar suas próprias transições. Uma jovem menina trans, por exemplo, pode encontrar um profundo significado nos rituais de menarca ou de celebração da feminilidade, adaptando-os para refletir sua própria experiência e jornada. O dia de sua menarca pode ser interpretado simbolicamente como o dia em que ela definitivamente decide abandonar as convenções de seu sexo biológico para experienciar a plenitude de viver abertamente sob o gênero com o qual se identifica. Da mesma forma, um homem trans pode se conectar com os rituais descritos neste livro para homens, encontrando neles uma fonte de força e reconhecimento.

A prática da Wicca sempre foi caracterizada por sua abertura e adaptabilidade. Desde os seus primórdios, a Wicca tem incorporado elementos de diversas tradições espirituais e culturais, criando uma tapeçaria rica e diversificada de práticas e crenças. Essa capacidade de adaptação é uma das grandes forças da Wicca e deve ser mantida viva na forma como abordamos a diversidade de gênero também.

Ao adaptar os rituais para incluir plenamente as pessoas trans e a diversidade de gênero, estamos honrando o espírito inclusivo da Wicca. Estamos afirmando que cada pessoa tem um lugar sagrado dentro da comunidade Wiccaniana, independentemente de sua identidade de gênero. Essa inclusão não é apenas uma questão de justiça, mas uma expressão do princípio da Arte que afirma que todas as formas de vida são sagradas e merecem ser celebradas.

Além disso, quando pessoas trans celebram seus Ritos de Passagem, nossa comunidade como um todo é fortalecida e conscientizada. A criação de rituais personalizados oferece uma oportunidade única para educar e sensibilizar a comunidade. Quando uma pessoa trans compartilha sua cerimônia de Rito de Passagem com outras pessoas, ela está não apenas celebrando sua própria transição, mas também convidando outros a entender e apoiar sua jornada. Isso pode ser uma poderosa ferramenta de conexão e empatia, ajudando a desmantelar preconceitos e promover uma cultura de aceitação e respeito dentro da comunidade.

Quando reconhecemos e honramos as experiências únicas de cada indivíduo, estamos criando uma comunidade mais forte, mais coesa e mais capaz de apoiar uns aos outros em nossas jornadas espirituais. A diversidade é uma fonte de riqueza e força, e ao abraçá-la, estamos contribuindo para a criação de uma prática espiritual que é verdadeiramente inclusiva e acolhedora para todos.

À medida que exploramos a importância dos Ritos de Passagem na Wicca, é essencial compreender que esses rituais são atos que fortalecem a comunidade e momentos em que o círculo se reúne para honrar as transições de seus membros, proporcionando apoio, reconhecimento e amor. A inclusão plena de todas as identidades de gênero nesses ritos é, portanto, um passo definitivo para construir a comunidade inclusiva que queremos ver nascer.

Ritos de Passagem fornecem uma estrutura que nos ajuda a entender e a navegar pelas mudanças da vida. Para pessoas trans, essas transições podem incluir momentos de afirmação de gênero, que são igualmente dignos de celebração e reconhecimento.

A prática da Wicca nos convida a sermos criativos e inovadores em nossa abordagem com o Sagrado. Ao acolher a diversidade de gênero e adaptar nossos rituais para refletir essa diversidade, estamos não apenas honrando a experiência individual de cada praticante, mas também fortalecendo a própria essência de nossa prática espiritual. A Wicca é um caminho de constante evolução, e é através da adaptação e da inclusão que ela continuará a florescer e a servir como um refúgio espiritual para todos.

Neste espírito de inclusão e celebração, convido cada leitor a refletir sobre suas próprias práticas e a considerar como pode torná-las mais acolhedoras e inclusivas. A magia dos Ritos de Passagem reside em sua capacidade de nos transformar e de nos conectar com o Divino..

Para aqueles que são trans ou que possuem identidades de gênero diversas, quero que saibam que a Wicca é um caminho que celebra e honra cada indivíduo exatamente como eles são. Nela, vocês não precisam se conformar a moldes rígidos ou sacrificar a beleza de suas identidades. Em vez disso, ela oferece um espaço sagrado onde cada pessoa pode ser verdadeiramente autêntica, onde suas experiências únicas são reconhecidas e celebradas, e onde sua jornada espiritual é valorizada.

A Wicca é um refúgio para todos aqueles que buscam uma conexão profunda com o Divino, sem as restrições e julgamentos das religiões intolerantes e ortodoxas, onde você é livre para explorar e expressar uma espiritualidade que honra quem você é. Os Deuses e Deusas da Wicca celebram a diversidade da vida, e sua prática deve refletir essa celebração em cada aspecto da jornada espiritual.

A diversidade é uma fonte de força e beleza, e cada pessoa traz uma perspectiva única e valiosa para a Arte, que fortalece nossa comunidade como um todo.

A Wicca é, em sua essência, uma celebração da vida em todas as suas formas. É um caminho de descoberta, de conexão com o Sagrado e de celebração à diversidade. Para todas as pessoas trans que estão lendo este livro, quero que saibam que vocês são amadas e apoiadas integralmente. Vocês têm um lugar sagrado dentro da Wicca, onde podem existir sem restrição sendo quem verdadeiramente são. Este é um espaço onde sua identidade é honrada, suas experiências são valorizadas e sua jornada espiritual é celebrada.

Encontrem, em cada ritual, em cada cerimônia, um reflexo da sua própria beleza e autenticidade. Que este livro sirva como um guia e uma inspiração, oferecendo uma base sólida a partir da qual cada um possa viver rituais que refletem sua própria verdade.

A busca chegou ao fim: na Wicca, vocês finalmente encontraram o lar espiritual seguro que sempre procuraram, o lugar onde podem ser plenamente vocês mesmos, onde sua identidade é celebrada como parte intrínseca de uma jornada espiritual e humana que é integralmente apoiada e honrada.

Nunca permitam que alguém diga o contrário e afastem-se sem medo daqueles que tentarem desviar vocês do caminho da sua verdade. E lembrem-se: sua existência é uma força sagrada que nenhuma voz poderá jamais silenciar!

Que este livro seja um companheiro fiel em sua caminhada, oferecendo inspiração e orientação enquanto vocês celebram a plenitude de sua existência. Vocês são uma parte preciosa do sonho que vive na mente da Grande Mãe, e sua presença torna nossa comunidade mais rica e vibrante.

A Deusa celebra a diversidade!

Bem-vindos ao seu lar!

Claudiney Prieto

PREFÁCIO DA PRIMEIRA EDIÇÃO

Aqui está minha vida: nasci, comecei a estudar, tive meu primeiro período. Graduei-me. Fui casada e me divorciei. Tive perdas. Casei-me outra vez e tive um filho. Ele desmamou. Meu segundo casamento terminou. Depois de algum tempo, meu filho tornou-se um jovem homem.

Logo, meu filho irá se graduar, casar e terá seus filhos. Daqui a algum tempo, alcançarei a menopausa e, antes que você saiba, estarei no fim de minha vida, preparando-me para morrer.

Cada religião na história da humanidade teve rituais para uma parte desses eventos. Se pararmos para pensar que só recentemente, desde a Revolução Industrial, nossas vidas foram compartimentadas — onde se estabeleceu que aquela "religião", esse "trabalho" e tal "diversão" deveriam estar em caixas separadas, nunca sendo misturadas —, podemos dizer que toda sociedade teve rituais para cada uma dessas coisas. Veja da seguinte forma: compreendemos que a sociedade secular moderna também tem rituais; nos Estados Unidos, a noite de formatura e as festas de colação formam parte dos rituais que marcam o fim do ensino médio, e casamentos são cercados por uma série de rituais e costumes — alguns relativamente novos — que nada têm a ver com religião. Casamentos são um grande exemplo disso: chuva de arroz, a primeira dança, o brinde, o arremesso do buquê — tudo isso são costumes sociais seculares, e muitas pessoas não se sentem casadas a menos que passem por essas emoções.

Os rituais, tradições e costumes são uma necessidade humana básica. Ritualizamos acontecimentos como um meio de entendê-los. Quanto mais difícil e confuso for o evento, maior a necessidade de um ritual. As passagens da vida são esses eventos. A morte traz tristeza, raiva e confusão, e assim necessitamos de um rito de passagem para ela; na realidade, muitas tradições possuem dois: um ritual para a pessoa que está morrendo e um rito de funeral para os sobreviventes. Mas acontecimentos festivos também são difíceis; passar da condição de solteiro para casado, da infância à paternidade, desafia nosso entendimento a respeito de nós mesmos. Temos que parar, mudar, adaptar-nos.

Há três grupos para os quais cada rito de passagem é executado: a comunidade, a pessoa (ou as pessoas) que atravessa a passagem e os Deuses.

Os ritos de passagem colocam a comunidade por trás de nós, encorajando-nos a mudar, alegrando-se conosco e sendo testemunha da passagem. Aliás, uma comunidade também pode fornecer um certo incentivo negativo ou, para falar francamente, temor: você poderia fazer esse casamento funcionar melhor, amigo, porque duzentas pessoas viram-no dizer "eu aceito". Às vezes, o tipo de autoconsciência criada pela pressão social ajuda a manter-nos focados e caminhando. Tais rituais afirmam a importância de uma comunidade e nos mantêm unidos. Quando todos nos unimos para testemunhar uma passagem, reconhecemo-nos como parte da mesma comunidade, como parte de algo maior que nós mesmos.

Ritos de passagem despertam o self. Eles também promovem uma transformação ou, mais tipicamente, trabalham para reconhecer a transformação que está ocorrendo. São uma espécie de lembretes internos profundos: "Estou casado agora", ou "sou adulto agora", ou "estou pronto para dizer adeus àquele que se foi". Eles funcionam, de certa forma, semelhantemente às afirmações: o que dizemos a nós mesmos torna-se verdade.

Ritos de passagem convidam os Deuses a olharem por nós. Porque o Paganismo não abraça a ideia de uma divindade que tudo vê e tudo sabe, nós, pagãos, precisamos pedir que os Deuses prestem atenção. Uma cerimônia de bênção a um recém-nascido diz aos Deuses: "Olhem, este é um novo membro de sua comunidade", solicitando que tomem conta dele. Uma passagem de morte diz a eles: "Um dos seus cruzou o véu, tomem conta dele."

Nenhuma religião pode sobreviver sem esses ritos. Quando esses momentos ocorrem na vida, se não tivermos os rituais de que necessitamos em casa, procuraremos em outra parte por eles, tão grande é nossa necessidade. Essa é a razão pela qual é vital que desenvolvamos um repertório de tais rituais dentro da Wicca; que nós os pratiquemos, saibamos e os usemos. Este livro o convida a fazer isso.

A Wicca no Brasil é relativamente nova. Nos Estados Unidos, ela é antiga o suficiente para colocar um conjunto inteiro de ritos de passagem em uso. Meu filho foi abençoado por sua madrinha (uma Alta Sacerdotisa) pouco depois de seu nascimento e, um par de anos mais tarde, quando a filha dela nasceu, esse bebê foi abençoado por mim. Num piscar de olhos, meu bebê era um jovem de treze anos, e os homens de nosso clã trouxeram-no ritualmente à maturidade por meio de um rito. Eu, sendo mulher, não sei muito sobre isso. Até agora, vez ou outra, o vejo com algum objeto ritual, e, quando pergunto a respeito daquilo, ele diz:

"Isto foi um presente do meu ritual de transição." Algum dia, assistirei ao seu *Handfasting*, e à bênção de meus netos. É dessa maneira que uma comunidade cresce. Dessa maneira, uma comunidade ama.

Uma vez, num ritual de Samhain, dirigíamos um canto aos ancestrais. Conforme as pessoas chamavam seus amados, o grupo pegava cada nome e os transformava em um cântico, tocando tambor e cantando. O lugar, lotado com quase cem pessoas, ressoava com nomes que se teciam uns nos outros numa canção sagrada de divisão e lembrança. Virei-me para meu companheiro e disse: "Um dia eles cantarão nossos nomes", e sorrimos.

Ser parte de uma comunidade que honra suas passagens é o que faz uma vida pagã ter valor. Sou agradecida por ter tal vida.

Nova York
Deborah Lipp, 2006

Deborah Lipp vive em Nova York. É Sacerdotisa Gardneriana há mais de 25 anos e tem ensinado Wicca, Paganismo e Magia ao redor do mundo. É autora dos livros *Elements of Ritual, The Way of Four* e *The Way of Four Spellbook*. Você pode contatar Deborah através de seu site em www.deborahlipp.com. Contatos com a autora devem ser feitos em inglês.

PALAVRAS INICIAIS

Hoje, não sabemos ao certo quem somos. Perdemos nossa conexão com o verdadeiro sentido da vida, com nosso espírito, mente, corpo, alma e coração.

Nossa cultura entrou em colapso, numa verdadeira desarmonia contagiosa, criando doenças modernas como estresse, síndrome do pânico e muitas outras pragas emocionais em decorrência dos atos de violência com os quais nos defrontamos.

Essa ruptura se torna diariamente evidente e nos afeta individual e coletivamente, prejudicando nosso desenvolvimento pessoal e coletivo. A cada dia, nos tornamos mais violentos, perdemos nossa ligação com a natureza, poluímos nossos rios, cortamos nossas árvores e magoamos as pessoas amadas — e a nós mesmos — sem sabermos a origem de nossas ações destrutivas.

Nunca estivemos tão afastados do Sagrado como atualmente. Consequentemente, à medida que o homem se afastou do Sagrado, perdeu seus ritos e esqueceu a forma de se ligar ao Divino. Com isso, rituais que marcam o nascimento, a vida e a morte do ser também foram deixados de lado, estão num passado distante e longínquo, relegados apenas à imaginação.

Nossa cultura se afasta diariamente dos Mistérios que envolvem a transição da vida e da Roda do Viver. Para o homem moderno que deseja eternizar a juventude, colocando valor somente nela, os Ritos de Passagem — que celebram os fluxos da vida humana em direção à sabedoria, que só chega com a idade e o tempo — deixaram de ser vitais. Aliás, são sumariamente renegados e evitados, fazendo com que o homem se engane com falsos valores e expectativas da vida moderna.

Não reconhecendo os diferentes ciclos da vida e a sabedoria que eles encerram, nossa cultura não cresce e acaba por se tornar eternamente imatura, inapta para a vida, contribuindo ainda mais para piorar a situação caótica em que a Terra se encontra na atualidade. Devemos honrar a sacralidade de nossas crianças e jovens, mas também a de nossos sábios anciãos. Todos os ciclos são sagrados, fazem parte da Deusa e são por Ela apreciados. A Grande Mãe se mostra a nós como Donzela, Mãe e Anciã, ensinando que cada fase da vida traz uma experiência diferente e única, que cada momento de nossa Roda pessoal nos confere um poder especial. Exatamente por isso, os Ritos de Passagem são tão importantes!

É chegado o momento de resgatar essa prática ancestral como forma de nos ligar ao passado para forjar um novo futuro.

Os Ritos de Passagem ocuparam uma posição essencial na Antiguidade, quando cada idade e fase importante da vida era marcada com rituais específicos que mostravam e enfatizavam a relação do homem com a natureza, com a vida, ensinando valores e diretrizes para o encontro da Totalidade. O resgate desses rituais milenares é uma maneira de escapar do materialismo e da alienação da sociedade atual, com seus valores corrompidos e muitos preconceitos.

Muitas pessoas encontram-se atualmente perdidas em diversas questões relativas à sua identidade, moralidade, ética e conduta pessoal, exatamente por negarem seus ciclos interiores, por não reverenciarem e reconhecerem mudanças fundamentais que ocorrem em seus corpos, mentes e emoções no decorrer de suas vidas. Quando essas questões não são resolvidas de forma tranquila e saudável, acabam por gerar danos quase sempre irreparáveis, não só à pessoa que vive esse ciclo, mas aos seus familiares, amigos, colegas de trabalho e demais pessoas ao seu redor.

Com a perda dos Ritos de Passagem, hoje os jovens não aprendem mais a guiar suas próprias vidas amparados pelo conhecimento e sabedoria de seus anciãos, não são preparados para viver integrando o Sagrado e o mundano, aprendendo por meio de lições e mitos. Muitos Ritos de Passagem se tornaram meros marcos sociais, com pouco ou nenhum impacto ou significado mágico e espiritual. Tais ritos assumiram uma face profana, travestidos na carta de habilitação, no trote da faculdade, no primeiro "porre", na primeira relação sexual — sem qualquer preparação ou sacralidade, realizada mecanicamente, em função da pressão social ou dos amigos.

A noção de clã e a luta pelos altos ideais que encerram os Ritos de Passagem se perderam. Hoje, os jovens suprem essa necessidade arquetípica juntando-se em guetos, tribos modernas questionáveis e gangues, que promovem muitas vezes o vandalismo e o crime, afastando-os dos propósitos elevados pelos quais os homens sempre se reuniram em grupos.

O termo "Ritos de Passagem" foi usado pela primeira vez pelo antropólogo Arnold Van Gennep, em 1909, em seu famoso livro *Les Rites de Passage*. Ele usou essa terminologia para se referir a qualquer ritual que marcasse uma mudança transformadora em uma pessoa, numa comunidade ou em qualquer outro aspecto da vida humana.

Assim sendo, os Ritos de Passagem são cerimônias que celebram as transições naturais da vida e toda sua multiplicidade de experiências: nascimento, puberdade, maturidade, velhice e morte.

A negligência a esses rituais conduziu a sociedade à perda do contato com seus ciclos naturais e a deixou fora de alinhamento com o mundo ao seu redor, trazendo a perda de sua identidade.

De um ponto de vista inconsciente e arquetípico, os rituais sempre foram fundamentais para a vida social humana e pessoal. Podemos encontrar rituais não somente no interior das religiões, mas na política, família e comunidade. Desenvolvemos até mesmo rituais pessoais no nosso dia a dia. Dessa forma, percebemos que um ritual é uma ação simbólica capaz de provocar mudanças internas e emocionais.

Um Rito de Passagem é um ato mágico que promove mudanças físicas ou psicológicas — às vezes, as duas ao mesmo tempo. Iniciações, casamentos, nomeações são atos capazes de provocar transformações no ser em algum nível. Até mesmo rituais simples, como uma bênção a um recém-nascido, trazem transformações emocionais e espirituais, ao menos nos participantes, naqueles que observam tal rito.

Os Rituais de Passagem formam o ser humano, mostrando seu lugar na sociedade, comunidade, cultura, indicando, muitas vezes, o status que alguém ocupa. Por meio dos Rituais de Passagem, a comunidade é formada como um todo, reforçando a continuidade de uma sociedade e seus laços, ou iniciando novas formas de inter-relações que estabelecem novos paradigmas.

Os estágios de transição de nossas vidas sempre ocorrerão, quer os reconheçamos ou não. O significado e a importância dos Ritos de Passagem residem não só no fato de eles celebrarem e honrarem o crescimento individual, mas também porque nos levam de uma fase da vida a outra.

Nossos ancestrais sempre viveram em profunda relação com a Terra e seus fluxos, celebrando a natureza e suas mudanças como parte integrante da vida. As culturas primitivas desenvolveram seus símbolos e formas únicas de honrar não só os Deuses, mas também os ciclos da vida de cada ser. Nossos ancestrais sabiam que as diferentes etapas da vida possuem desafios, evoluções, mudanças mágicas e naturais — internas e externas — que nos transformam para sempre.

Em algumas culturas, jovens garotos saíam para sua primeira caçada durante a puberdade. Em outras, duras provas de nado e caminhadas por longas distâncias até lugares desérticos eram requeridas, para que o jovem demonstrasse suas habilidades e desenvolvesse um profundo encontro com sua alma, a fim de descobrir quem verdadeiramente era. Assim, sua conexão com a Terra, clã, ancestrais e natureza era fortalecida.

Entre os nativos americanos, os Ritos de Passagem da puberdade masculina envolviam a *Vision Quest* (Busca da Visão), preceito em que o indivíduo se isolava em um lugar distante, seguindo rigoroso jejum para despertar sua conexão com o Divino. Durante esse período, os garotos se tornavam homens, focando sua atenção para receberem a visão de suas próprias vidas, missão e orientações de como serem receptivos às energias ancestrais e às formas pessoais de se conectarem com o Outromundo.

Para as garotas, tais cerimônias envolviam a clausura ritual numa cabana de sonhos, caverna ou em um buraco no solo, onde eram preparadas para compreender as transformações que estavam ocorrendo em seus corpos e mentes, enquanto eram ritualmente abençoadas para receber o Ovo da Criação no útero da Mãe Terra.

Durante esse período, garotos e garotas recebiam o auxílio de sua família e tribo e eram ensinados individualmente, de forma que seus poderes, habilidades, dons e conhecimentos fossem despertados. Também aprendiam técnicas de sobrevivência e valores pessoais e sociais.

No processo tradicional de transmissão desses rituais, os mentores dos adolescentes tinham sido anteriormente instruídos por outros mentores, numa linha ininterrupta de pessoas preparadas, que haviam passado por experiências profundas por meio dos rituais, de maneira que pudessem lançar luz e oferecer seu auxílio às gerações futuras.

Atualmente, não existe um grupo de mentores e instrutores devidamente preparados capazes de dar continuidade à celebração dos Ritos de Passagem como ocorria antigamente. Em nossa cultura, tais rituais, tradições e muitas dessas antigas práticas se perderam e foram esquecidas. Assim sendo, é chegado o momento de recriá-las, reinterpretando-as à luz da vida moderna, com significados contemporâneos. Devemos recriar tais rituais com consciência. Os antigos caminhos devem ser alterados para refletir as necessidades das gerações atuais, mas devemos preservar seus fundamentos e sacralidade.

Nesses tempos de mudanças, globalização e transformações, em que o homem se afasta cada vez mais do Sagrado, pagãos em todo o mundo estão retomando a prática de celebração dos Ritos de Passagem, incorporando-os à sua forma de vida moderna. É hora de a Wicca dar sua contribuição nesse avanço.

A presente obra o ajudará nesse processo longo, porém enriquecedor e fascinante, pois o retorno à realização dos Ritos de Passagem é uma das formas mais efetivas de nos livrarmos da globalização e do caos em que a sociedade se encontra. Ritos de Passagem nos conferem identidade, sentimento de clã e nos ajudam a forjar novos valores para a formação de uma nova cultura mais digna e equilibrada.

Muitos dos rituais descritos aqui requerem uma comunidade, um Coven, um Grove, uma família e/ou pessoas que estejam prontas para vivenciá-los. Se isso não for possível, simplesmente substitua, reinterprete e rescreva as formas apresentadas, adaptando-as às suas necessidades.

Assim, a mulher que não teve a oportunidade de celebrar sua Menarca poderá fazer isso pela primeira vez em sua vida, talvez no primeiro dia de sua menstruação após seu próximo aniversário. O mesmo se aplica aos homens que não passaram pelo Rito de Transição, ou aos novos Wiccanianos que não puderam escolher seu caminho espiritual ao nascer, mas que agora podem pedir as bênçãos dos Deuses nos quais acreditam, realizando um Rito de *Wiccaning*. Crie, recrie e deixe sua memória ancestral ser despertada, trazendo lembranças do passado sobre esses antigos ritos esquecidos.

Os Ritos de Passagem podem ser comparados à psicoterapia, pois despertam nossa memória emotiva e são realizados para transformar não só os valores centrais de uma pessoa, mas também suas crenças, construindo um novo conceito de mundo, capaz de reintegrar um indivíduo em sua comunidade, preparando-o para a vida.

Quando uma pessoa, um Coven ou uma família se propõe a celebrar Ritos de Passagem, estão se abrindo para a oportunidade de viver uma vida mágica, criando significado pessoal e coletivo para sua existência e suas vidas, refletindo e reforçando valores e relações que formarão a comunidade e a personalidade que desejamos alcançar, fazendo com que isso se reflita no mundo exterior e também em nossa relação com o Sagrado. Quando honramos a sacralidade da vida de nossas crianças, jovens e anciãos, reforçamos nossos laços, demonstramos nosso carinho e atenção por eles. Crianças amadas se tornarão adultos amáveis, mais responsáveis e criativos, que retribuirão à sua família e comunidade os valores que assimilaram.

Aquilo que cada um de nós faz em nosso próprio mundo é o nosso legado para a humanidade, é o que nos liga a toda Criação e aos Deuses.

"Aquilo que cada um de nós faz em nosso próprio mundo é o nosso legado para a humanidade, é o que nos liga a toda Criação e aos Deuses.

CAPÍTULO 1

Resgatando os Ritos de Passagem

Para ver, realmente ver,
você tem que deixar sua razão de lado,
deixá-la bem de lado, amigos.

Abra os olhos de seu coração ao invés.
Abra as orelhas de sua alma
e será levado pelo rio de luz
que brilha em sua extensão,
conduzindo-o de volta
de onde você veio e se esqueceu.

Seus olhos não veem a natureza das coisas.
Eles veem o mergulhador,
mas não o mergulho,
eles veem a fumaça sinuosa,
mas não o fogo que queima,
eles veem a estrada diante deles,
e não a lua que veleja ao seu lado.
Em vez de você enganá-los,
permaneça cego e atente-se para a
verdadeira visão que só reside no peito,
batendo, e batendo.
Por que pensar sobre as batidas do coração?
Para chamar sua atenção a elas.

Volte, volte.
Você pode viajar através do grande
fluxo do coração.

Deixe o espírito se elevar como o vapor,
como o corpo da serpente, como um sonhador
entrando em seu sonho.
As flores então serão molhadas
com suas lágrimas,
as feridas curadas com seus lábios,
e dor será encontrada em cada coração,
transbordando o lago, o mar, o oceano,
onde se afoga nas águas cristalinas.
Purifique seu ego a partir do seu eu,
e saia de sua pele
que está ferida e maculada pelo abuso.
Venha, nade nas águas
douradas desta lagoa,
nu, usando apenas seu espírito.

Ela está morna como o óleo luminoso que
muitas vezes o massageia.
Há pombas pela manhã e orquídeas à noite,
e, pelo dia, há descanso para as estrelas.

As árvores cantam canções
de ninar para você
em harmonia com a brisa,
e a lua às vezes eclipsa o sol.
Você sempre terá companheiros,
aqueles que choram e riem imediatamente,
se divertindo na ironia,
no paradoxo do universo.
Eles trabalham para deixar de sofrer,
mas sua dor e a alegria
se tornam unas aqui,
como uma videira sinuosa
ao redor da árvore da alegria,
explodindo em verde
onde os ramos tocam os céus.

Tracey Besmark, 1997

A celebração, como parte da vida humana e religiosa, é inerente a todas as culturas e sociedades. Comemorar fatos e eventos importantes, bem como honrar alegrias, êxitos, conquistas e tristezas por meio de cerimônias e rituais, acontece desde o início dos tempos.

Um ritual pode ser considerado uma forma predefinida de anunciar ou dizer algo aos Deuses ou a um povo. Ele demonstra os valores sociais, religiosos e diversos conceitos a quem o pratica. Ele, geralmente, é realizado em ocasiões específicas ou períodos sagrados e é considerado a forma que os homens utilizam para se comunicar com o Divino, com aquilo que não pode ser visto.

Cada Rito de Passagem pode ser considerado uma diferente Iniciação, pois desempenha um papel de extrema importância na vida do homem religioso, visto que tais rituais sempre envolvem uma mudança ontológica e apresentam um conjunto de Mistérios ao indivíduo que passa por eles.

A importância de tais cerimônias pode ser facilmente observada em muitas culturas ancestrais, onde o recém-nascido não é considerado vivo até que tenha sido devidamente abençoado em um Rito de Passagem. Nessas sociedades, acredita-se que a criança possui apenas uma existência física, terrena. Somente após receber um nome e ser abençoada pelos Deuses de seu povo é que ela é reconhecida por sua família e comunidade, ganhando vida espiritual.

Os ritos nupciais, que marcam a união entre duas pessoas, também são considerados rituais de passagem em muitas culturas. Talvez, atualmente, este seja o Rito de Passagem mais importante da sociedade moderna. O fato de o casamento possuir um ritual predeterminado se dá porque ele expressa uma mudança radical de paradigma, a transição de um grupo para outro, ou seja, do grupo dos solteiros para o dos casados, para constituir uma nova família que receberá suporte material, espiritual e filosófico a partir de então.

Funerais também expressam um ciclo de transição e, por isso, envolvem Ritos de Passagem extremamente complexos, uma vez que encerram os Mistérios da transição da vida para a morte, onde a alma de um indivíduo deverá ser instruída para alcançar o Outromundo, para que seja reconhecida no mundo dos mortos. A forma de honrar a morte de alguém varia de cultura para cultura. Em algumas sociedades, um indivíduo só é considerado definitivamente morto quando é enterrado; em outras, quando é cremado; e, para algumas ainda, quando seu corpo é deixado à deriva num barco sobre as águas de um rio ou mar. Espiritualmente falando, aquele que não passa pelos ritos fúnebres não está morto, pois é a realização de tais preceitos que conduz ritualmente o morto à sua morada.

A importância dada aos Ritos de Passagem pelas muitas sociedades antigas varia profundamente, assim como variam, em cada cultura, os períodos da vida em que tais cerimônias eram realizadas. Um fator comum, que pode ser encontrado em praticamente todas as sociedades primitivas centradas na terra, é a realização de Ritos de Passagem para marcar a transição da vida dos jovens. Esses rituais marcavam a mudança radical do status social dos jovens, indicando sua transição para a idade adulta.

Nos tempos ancestrais, todos passavam por Ritos de Passagem para aprender os mistérios da vida e como melhor se relacionar com toda a Criação. Os mentores de uma época tinham sido orientados pelos Sábios de outra, que tinham ensinado as histórias e mitos do seu povo, suas leis, diretrizes e valores, forjando e esculpindo cuidadosamente a personalidade de seus jovens por meio da transmissão de tais princípios e informações. Isso possibilitava a preservação da cultura, da moral e honra de um povo e indivíduo. O homem religioso vê nascimento, vida, morte como acontecimentos que o ligam diretamente ao Mistério e aos seus Ancestrais, e esses fatos geralmente dizem respeito a uma família, um clã ou sociedade.

Atualmente, esses Mistérios perderam sua importância de um ponto de vista ritual e religioso. Podemos considerar que isso tem contribuído substancialmente, mesmo que inconscientemente, para a formação de casamentos falidos, concepções e nascimentos não desejados, a difícil relação entre pais e filhos, a desvalorização dos anciãos e muitos outros comportamentos destrutivos da sociedade moderna. Hoje, a vida nada mais significa. Pessoas representam apenas um apanhado de cifrões desde a maternidade até os encargos de seu funeral, quando estas fizerem sua transição deste para o Outromundo. A vida de um indivíduo mostra apenas a concretização de um nascimento, uma união contratual legalmente estabelecida ou um óbito.

O retorno aos Ritos de Passagem talvez seja o único caminho que poderá dar mais dignidade e significado à vida do homem moderno. O resgate na realização de tais rituais coloca o ideal da vida na humanidade, na celebração da singularidade e sacralidade de cada indivíduo.

Todos nós temos uma vaga ideia do que queremos para a nossa descendência, que inclui nossos filhos, sobrinhos, netos, e, para aqueles que fazem parte de uma Comunidade Pagã, os jovens da família espiritual à qual pertencemos. Ao longo de nossas vidas, desenvolvemos ideias de como os nossos jovens deverão ser, o que devem fazer, de que maneira deveriam pensar e sentir.

No entanto, a pressão da cultura patriarcal fez com que crescêssemos e nos desenvolvêssemos em algo que não somos, para nos enquadrarmos aos padrões impostos por nossa família e cultura. Perdemos nossa conexão conosco mesmos, com nossa verdade interior. Nos violentamos, mutilamos e, assim, perdemos partes essenciais de nosso ser.

A perda dos Ritos de Passagem é também uma forma de violência, já que expressa a ruptura de nossos ciclos de maturação e Self, promovendo a violência contra a própria vida. Essa violência interior gera reflexos exteriores por meio de guerras e destruição. Violentar o Sagrado em cada um de nós pode ter consequências desastrosas e potencialmente destrutivas. A perda dos Ritos de Passagem também se reflete no sacrifício individual da liberdade e em nossa sexualidade, já que ela é a expressão do que verdadeiramente somos, a força de nossa alma e o que confere a identidade de cada ser.

Aqui, ensinaremos o caminho de retorno a esses ritos na Wicca, a religião da Deusa. Ao assumirmos o papel de mentores para nossas comunidades e famílias, introduzindo os Ritos de Passagem no seio de nossos grupos, nos tornaremos os forjadores e escultores do amanhã. É possível que muitos de nós não sejamos bons na arte de forjar os nossos jovens e tenhamos que rever e mudar muitos de nossos próprios conceitos antes de tentar instruí-los na dura tarefa da formação de suas personalidades. Assim sendo, precisamos repensar profundamente nossos próprios valores centrais antes de nos aventurarmos a criar e recriar esses rituais ancestrais.

Na puberdade, nossa energia sexual é fortemente despertada, fazendo com que tenhamos uma nova visão da vida. Os antigos povos, que viviam numa conexão profunda com a terra, tinham rituais específicos para marcar essa transição, de forma que a energia da vida fosse honrada. Os Ritos de Passagem se tornavam cerimônias especiais e críticas, que mostravam a beleza, dons e talentos únicos de cada um, assinalando o despertar das energias espiritual e sexual do jovem, dando as boas-vindas a ele no mundo dos adultos e como parte de sua comunidade, ajudando a responder a uma pergunta que há muito assombra todos nós: "Quem eu sou?"

Arquetipicamente falando, nossa natureza clama por Ritos de Passagem. Olhe ao redor e perceba o quanto precisamos ser aceitos, iniciados e/ou reconhecidos por aquilo que somos ou representamos.

Como a humanidade falhou na preservação e continuidade das cerimônias que conferiam esses reconhecimentos, muitos passaram a criar seus próprios rituais para confortar esse sentimento inconsciente de perda. Os rituais estabelecidos para alguém ser aceito numa gangue, numa faculdade ou em um grupo social em particular podem ser considerados uma forma moderna de Ritos de Passagem. Por mais bizarros, estranhos, perigosos e destrutivos que possam ser, eles dão ao indivíduo que os vivencia a sensação de transição por um ciclo, reconhecimento e o sentimento de ser parte integrante de "algo". A primeira tatuagem ou piercing, a mudança de cor dos cabelos, o uso destrutivo de drogas, cigarro ou álcool são outras versões modernas para os Ritos de Passagem.

Psicólogos afirmam que se abster de passar pelos Ritos de Passagem, em sua forma religiosa ou em suas versões sociais modernas, pode causar danos psicológicos e doenças emocionais ou psicossomáticas sérias, que posteriormente poderão se manifestar fisicamente, como um câncer, depressão, etc.

Quem nós somos é uma das inúmeras respostas que a celebração da vida, por meio dos Ritos de Passagem, pode nos prover. Muitos de nós realmente fomos convencidos a acreditar que somos aquilo que deveríamos ser, não o que verdadeiramente somos. Muitas vezes, essas convicções, fortemente enraizadas em nosso interior, roubam nossa psique, promovendo um verdadeiro desencontro com nossa essência, violando a verdade interior e nos enganando. Isso é destrutivo em qualquer idade, mas principalmente aos jovens, enquanto tentam descobrir sua singularidade. Aquilo que torna um ser único jamais poderá ser determinado por outros, apenas por nós mesmos.

Realizando Ritos de Passagem, poderemos nos manter no curso da verdade de nossa essência e encontrar a resposta para a maior indagação da alma humana, de forma que nosso espírito brilhe, nos mostrando o caminho correto. Assim, poderemos nutrir o espírito da verdade em cada um de nós, para que ele floresça e dê bons frutos.

“O retorno aos Ritos de Passagem talvez seja o único caminho que poderá dar mais dignidade e significado à vida do homem moderno.

CAPÍTULO 2

Celebrando o Nascimento

Ela o segura
próximo ao seu coração
e se lembra...
Se lembra da magia
do primeiro agitar de vida.
Ela se lembra da delícia
de contemplar sua face pela primeira vez,
dizendo: "Aí está você!"
Ela se lembra da tristeza
de deixar ir
e da dor incrível
da separação.
Ela sempre se lembrará
como era ser mãe
e segurar o seu minúsculo corpo junto ao seu.
E nós lembraremos dela
por tudo que ela nos deu,
por sua parte
em trazer a vida milagrosamente ao mundo
e pelo amor que ela sempre terá
e guarda
em seu coração.

Brenda Romanchik, 1995

Para a Wicca, todos os processos que envolvem nascimento, vida e morte são sagrados, fazem parte do ciclo natural da vida que deve ser reverenciado, reconhecido e compreendido.

Nascimento, vida e morte compõem os Mistérios da Religião Wicca, que fala de transformação e que vê na natureza a fonte de inspiração para a sua espiritualidade.

De todos esses Mistérios, o nascimento de um novo ser talvez seja o mais sagrado. Isso acontece exatamente porque a Wicca é uma religião matrifocal, centrada na figura da Deusa como a Mãe provedora de todas as bênçãos e vida. Quando uma mulher engravida, ela está preenchida pelo poder da Deusa, se torna a representação da Grande Mãe em sua forma mais sublime.

Tornar-se mãe é um ato sagrado, e se deparar com o poder de trazer nova vida para a esfera humana é, sem dúvida, o fator mais transformador e divino na vida de uma mulher. Sem isso, a vida não poderia subsistir.

O Mistério do nascimento é a fonte primordial, a causa primeira de todas as coisas. Sem ele, não há ancestralidade, ciência ou sabedoria. Sem o nascimento, nenhuma dessas coisas teria sentido de ser ou existir.

Desde o início da humanidade, os Mistérios do nascimento têm sido celebrados pelas culturas ancestrais. Entre os povos primitivos, a gestação de uma mulher era algo mágico, sagrado. Para o entendimento dessas culturas, o ato sexual ainda não estava ligado à gravidez; eles acreditavam que a mulher era fertilizada pela luz da lua, sem a participação masculina. Assim, a gravidez dava à mulher o mesmo status de Deusa, pois ela gerava vida sozinha, dando assim continuidade à criação da Grande Mãe.

Se olharmos sob um enfoque mítico, todo nascimento encerra o mito da Criança Sagrada, que nasce do ventre da Deusa. Quando uma nova vida surge em nosso mundo, vinda da escuridão do ventre de sua mãe, o mito sagrado da Deusa e a Criança da Promessa é reafirmado. Toda mãe é a Deusa, todo filho é a Criança Prometida, que carrega em si possibilidades múltiplas de transformar para sempre a vida e o mundo em que vivemos. A mulher carrega um oceano em seu ventre, o oceano primordial do qual toda vida surgiu, o início do mundo. Neste oceano, a vida se inicia, desenvolvendo-se de uma célula em uma consciência única. A Criação ocorre uma vez mais, através do corpo da mulher. Esta vida que se desenvolverá dentro dela representa tudo o que é novo, o potencial do mundo, tudo o que poderá ser um dia.

Exatamente por isso, diversos rituais foram criados ao longo do tempo para marcar esse evento importante. Tais rituais ainda sobrevivem disfarçadamente em nossa sociedade moderna, no buquê de flores ofertado a uma mãe quando a visitamos na maternidade, nas lembrancinhas compartilhadas durante a visita ao bebê e até mesmo no charuto presenteado ao pai, hoje reconhecido como um importante participante no processo da concepção. A chegada de uma nova vida também é anunciada, não mais com tambores e estandartes, mas com palavras de boas-vindas e enfeites pendurados na porta do quarto da nova mamãe.

Assim, a magia que envolve o nascimento ainda sobrevive, mesmo que inconscientemente. Todos esses atos são mágicos e, mesmo que as pessoas que os realizam não saibam racionalmente exatamente o que estão fazendo, seus instintos sabem, pois nossos ancestrais seguiram geração após geração realizando feitos semelhantes como forma de celebrar a chegada de uma nova vida. Cada nascimento nos conecta aos nascimentos anteriores, com a Terra que está continuamente dando nascimento, com toda a vida que já existiu, que existe ou um dia existirá.

Hoje, milhares de mulheres dão à luz sem pensar na importância deste ato. A gravidez, que era considerada um presente divino pelos nossos ancestrais, não é desejada muitas vezes atualmente em função dos compromissos profissionais, escolhas pessoais e até mesmo casos extremos de abuso sexual, que se tornam mais e mais comuns a cada dia que se passa, como uma prova fatídica do caos de nossa sociedade moderna.

A gravidez se tornou um procedimento técnico, com médicos, exames, restrições e partos altamente sofisticados e cirúrgicos, em vez de ser encarada como uma função humana natural. Hoje, o bebê, que ficou 9 meses diretamente ligado à sua mãe, física e espiritualmente, é imediatamente separado dela ao nascer para a realização de exames de rotina. Essa separação continua durante os anos de crescimento da criança, que se separa de sua mãe mais agressivamente conforme as longas rotinas e anos de escola se aproximam, sob a necessidade de torná-las autossuficientes e prontas para o mercado de trabalho, e deixar a mãe livre para alcançar seus objetivos profissionais. Os efeitos que isso provoca são devastadores, e basta observarmos as vidas ao nosso redor para percebermos o grande estrago que essa separação causa. Filhos que se envergonham de seus pais e da história de suas famílias, em vez de honrá-las com orgulho; mães e pais castradores; relações familiares completamente destruídas pelo orgulho — são só poucos exemplos do que tudo isso pode provocar.

Não se faz aqui, em absoluto, uma apologia para que os métodos médicos convencionais utilizados durante a gestação sejam abandonados, muito pelo contrário. Tais observações servem como um chamado para uma reflexão ponderada sobre a necessidade de buscar ajuda na sabedoria ancestral perdida e esquecida. Hoje, diversos médicos procuram fazer uma fusão entre os conhecimentos científicos e tradicionais, reduzindo diariamente o número de cesarianas ao optar pelo parto normal, por exemplo. A arte das parteiras e partos humanizados vem renascendo. A mulher moderna busca novamente pela sabedoria de suas ancestrais para restaurar o equilíbrio, o elo perdido.

Mesmo assim, ainda existem muitas conquistas a serem feitas no sentido de humanizar a gestação, o parto e o pós-parto das mulheres. Nossa cultura há muito vem incentivando as mães a esquecerem a experiência do parto, como se isto fosse algo a ser temido. Como e por que esquecer da experiência mais importante da vida?

Talvez os valores e prioridades da vida moderna possam nos dar uma pista.

O nascimento de um novo ser, muitas vezes, é visto pela sociedade atual como um fardo, algo que tira nossa liberdade e oportunidades. Somos constantemente programados a não observar e se maravilhar com o milagre de nossas próprias vidas. Somos ensinados a apreciar somente aquilo que conseguimos conquistar com dinheiro, com nosso trabalho ou com a riqueza que podemos acumular.

As experiências que envolvem o nascimento e seu tema são profundamente transformadoras, oportunidades únicas para alterarmos essa realidade e estado de consciência assustadores. Para a mulher que permanece 9 meses em reflexão, ponderação e reavaliação, a gestação pode ser um período de descobertas magníficas, possibilitando a percepção do mundo por paradigmas completamente diferentes e mágicos.

Em algumas culturas tribais, a mulher grávida era enclausurada quando o momento do parto estava próximo. O local do nascimento era abençoado e consagrado pelas anciãs para este momento especial. Isso possibilitava que a futura mãe interagisse ainda mais com a criança em seu ventre, tornando-se unidas em pensamento e espírito. Neste momento, a mulher está manifestando um dos aspectos da Deusa Tríplice: a Mãe. Com isso, ela entrava num novo período, aprendendo a receber a criança em seu ventre como parte dela, estado que iria estabelecer uma ligação entre mãe e filho para o resto de suas vidas. A gravidez alterava sua vida para sempre. A mulher que um dia existiu jamais existiria novamente. E isso era verdade mesmo que ela já tivesse passado por diversas gestações, pois cada uma trazia experiências e transformações únicas. Assim, a gestação tornava-se um Rito de Passagem, dos mais enriquecedores.

Se Preparando Para o Nascimento

Até o presente momento, falamos das transformações que o nascimento traz para a vida de todas as mulheres. Por ser um Rito de Passagem no seu sentido mais profundo, o nascimento deve ser aguardado de uma forma especial, com uma preparação atenciosa capaz de colocar a futura mãe em um estado receptivo para a chegada desta nova vida e as transformações que este fato irá causar interiormente e exteriormente. Isso fará com que a mulher entre, aos poucos, num estado apropriado de consciência para suas novas responsabilidades e transformações, evitando assim diversos problemas que podem se apresentar posteriormente, como a depressão pós-parto, por exemplo. Essas alterações no estado emocional da mãe se dão pelo fato de ela não ter se preparado adequadamente e psicologicamente para sua nova condição. Ritualizar é uma das maneiras utilizadas pelos Wiccanianos para preparar o ser para novos estados de consciência e diferentes estágios da vida.

Se preparar para o nascimento de uma criança pode ser algo transformador e único na vida de uma mãe. A preparação é importante em três níveis: físico, emocional e espiritual. Ao utilizar métodos preparatórios para o nascimento, a mãe poderá entrar no processo de gestação e parto relaxada, ponderando e repensando sobre os muitos aspectos de sua vida e as significativas alterações que ocorrem em seu interior a partir de então.

Muitos são os métodos mágicos e não mágicos que a mãe poderá empregar para atingir este estado de consciência. Meditações, rituais, confecção de objetos de poder são algumas das formas mais comuns e utilizadas para colocá-la neste estado receptivo e atingir a unidade com o Sagrado, de forma que o nascimento seja verdadeiramente divino e abençoado.

A seguir, são dadas algumas dicas para a preparação emocional e espiritual da nova mãe.

Reavaliando Valores

Nossa criação nos ensinou valores e princípios que precisam ser revistos. Tais valores são baseados num pensamento de vida judaico-cristão, muitas vezes incompatíveis com a forma pagã de pensar, sentir, agir e contrária ao nosso entendimento sobre a vida e seus Mistérios.

O que esperamos para nossas crianças? O que desejamos que elas sejam? Como desejamos que elas se comportem perante a vida? Que escolhas gostaríamos que elas fizessem?

Todas as nossas respostas a estas perguntas seguramente serão baseadas de acordo com os valores vigentes da sociedade, numa determinada época e contexto.

Cabe aqui uma reflexão ponderada sobre as respostas a estas questões: será que nossos desejos são os mais corretos e acertados para nossos filhos ou seria melhor que a nova vida que se forma decidisse por ela mesma seus destinos e desenvolvesse sua personalidade baseada em suas escolhas ao longo de sua vida?

A mãe deve sempre se lembrar que, para nós pagãos, o livre-arbítrio é o que há de mais sagrado, um direito inviolável. Todas as escolhas de uma pessoa são honradas e dignas, sejam elas quais forem. Nossas raças, cores de pele, preferências sexuais, hereditariedade são motivo de orgulho, não vergonha. Lutar pelas nossas escolhas nos torna dignos, honrados. Só os sábios e valorosos têm coragem de fazer aquilo que outros não têm.

Por isso, a mãe Wiccaniana deverá passar algum tempo pensando sobre seus preconceitos e dialogando com o seu marido ou parceiro, se ela tiver um, sobre isso. Durante este período, ela deve tentar trazer à tona seus medos, pensamentos e conceitos sobre a vida e sobre o que significa uma família para uma criança.

Um bom exercício mágico é fazer uma lista com todos os valores da sociedade atual que ela julga serem dúbios, preconceituosos e prejudiciais, pensando amplamente em suas causas e efeitos.

Em seguida, a lista deverá ser queimada e as cinzas sopradas ao vento, enquanto a futura mãe pensa em seu bebê. Ela não deve fazer planos para a vida dele neste momento. Deve apenas vê-lo sendo simplesmente livre, sendo quem verdadeiramente ele é, elevando seus pensamentos aos Deuses e pedindo para que o seu filho tenha coragem para ser ele mesmo, uma tarefa que é, por si só, difícil mesmo com todo o apoio necessário.

Quando podemos ser nós mesmos, desenvolvemos a capacidade de fazer nossa luz interior brilhar, trazendo mudanças e transformações ao mundo. Essa luz tocará outros, iluminando-os e transformando-os também.

As pessoas de má índole, marginais, estupradores e usurpadores de nossa cultura só se tornaram o que são porque foram impedidos de serem eles mesmos. São, em suma, frutos de uma sociedade castradora, que age como se todos os humanos fossem robôs com padrões a serem seguidos, anulando a autenticidade e singularidade de cada ser.

Uma criança nunca se tornará prejudicial aos outros, ou a ela mesma, quando estiver caminhando em direção à sua verdade, quando, ao crescer, puder fazer suas escolhas e sentir que é apoiada por aqueles que a amam.

A mãe deve ponderar sobre tudo isso enquanto as cinzas estiverem subindo aos céus e durante os meses da gestação que se seguem.

Meditando Com o Bebê

Muitas mães só tomam contato com o seu bebê e se conscientizam da nova vida que cresce dentro delas apenas quando sua barriga mexe, ao passo que, durante o resto do tempo, elas permanecem alienadas com a realidade da vida que cresce em seu interior.

Meditar diariamente para estabelecer contato com a vida que se forma dentro de si é muito importante. Isso assegura que a ligação entre mãe e filho torne-se inquebrantável.

Todos os dias, ao acordar, a futura mãe deve voltar sua atenção para o bebê. Ela deve falar com ele, expressar o seu amor, carinho, apoio. Dizer o quanto ele é amado e esperado por todos, pelos Deuses e homens. Enquanto passa um hidratante ou óleo em sua barriga, ela deve procurar enviar seu carinho ao bebê, assim como energia. Dessa forma, ele poderá sentir-se mais próximo de sua mãe. Enquanto massageia a pele, a mãe pode visualizar uma luz branca suave entrando pelo centro de sua cabeça e atravessando todo o seu corpo, saindo pelas mãos, indo em direção ao seu ventre. O bebê será visualizado sendo iluminado por essa luz, que forma uma esfera de proteção ao redor dele. Enquanto isso, ela pode dizer em alto e bom tom palavras de amor e afeto dirigidas ao bebê. O processo deve ser repetido quantas vezes ela julgar necessário.

Algumas vezes por semana, a mãe deverá gastar algum tempo ao ar livre. Ela deve encontrar um local especial para caminhar, como um parque ou praça. Enquanto isso, ela conversará com o bebê e voltará sua atenção para a Mãe Terra. Ela deve ficar atenta aos poderes do nascimento existentes ao seu redor. Durante este exercício, ela deve observar as árvores crescendo, os botões se abrindo, novas plantas germinando, os pássaros com seus ninhos e filhotes, tudo o que lembre o vicejar de uma nova vida.

Enquanto caminha, a futura mamãe pode visualizar-se cercada por uma poderosa luz azul, que representa a energia criadora, enquanto respira profundamente algumas vezes, visualizando a luz entrando dentro dela, iluminando-a. O ato de respirar mais faz com que o bebê também receba mais oxigênio e se sinta mais confortável, seguro.

Se Alimentando de Forma Sagrada e Consciente

Todos sofremos transformações sazonais no nosso organismo. Conforme as estações mudam, nosso organismo também se altera e passa a desenvolver diferentes necessidades de alimentação de acordo com o clima e modificações no ambiente.

A mãe bruxa deve observar essas alterações, fluindo com as marés da natureza para se alimentar saudavelmente.

A função da alimentação da mulher durante a gravidez é mantê-la saudável, formar o bebê e armazenar os nutrientes necessários para a fase de amamentação. Assim sendo, a alimentação correta durante a gestação ajudará a mulher a ter uma gravidez saudável e segura.

Algumas dicas básicas de alimentação são fáceis de serem inseridas no dia a dia da gestante.

Durante o período do verão, nosso organismo precisa de líquidos, pois perdemos água mais facilmente através da transpiração.

No outono, a alimentação deve ser ricamente baseada em grãos e sementes. A futura mamãe deve comer nozes, castanhas e amêndoas, por exemplo, numa preparação à chegada do inverno.

O período de transição do verão para o inverno é a fase mais delicada, que requer mais atenção e cuidados para a saúde. Uma alimentação balanceada é preferível nesse período, acompanhada de atividades físicas e mentais. No inverno, a gestante deve ingerir alimentos que aqueçam seu corpo, com uma boa quantidade de gordura. Neste período também devem fazer parte de sua alimentação folhas fibrosas, além da ingestão de uma boa quantidade de sais minerais e uma leve redução nos líquidos.

Na primavera, o cardápio da gestante deve ser rico em saladas, folhas e frutas. Isso promoverá uma verdadeira limpeza em seu organismo, tornando-o ainda mais saudável para a chegada do bebê.

Proteínas animais e doces não devem ser consumidos em excesso, pois causam o enfraquecimento da imunidade e favorecem o aparecimento de infecções.

Um cardápio adequado para a gestante inclui suco de laranja, pão com queijo e leite no café da manhã; vegetais refogados nas cores verde ou amarela, acompanhados de salada, arroz e feijão, carne magra e frutas no almoço e jantar; gelatina e vitamina de frutas no café da tarde; e leite com biscoito antes de dormir.

Uma gestante deve consumir cerca de 2.500 calorias por dia, observando, acima de tudo, a qualidade de sua alimentação. Durante o pré-natal, é importante conversar com o médico sobre suas dúvidas, procurando esclarecer o que deve ser ingerido e evitado.

A mãe deve se alimentar de forma consciente e saudável, procurando reconhecer o ciclo da vida presente ao seu redor. Antes das refeições, poderá meditar por alguns instantes em quais plantas e animais morrem para alimentar a ela e à nova vida que se forma em seu interior. Um agradecimento aos Deuses pela alimentação concedida e uma bênção espontânea a todas as pessoas que foram importantes para que o alimento chegasse à sua mesa — desde o plantador àquele que coloca o alimento nas prateleiras do supermercado — pode ser realizada em voz alta ou mentalmente.

Assim, ela estará usando sua gestação para fortalecer a ligação com a Deusa e com a Terra, realizando atos devocionais diários tão simples como agradecer por aquilo que comemos.

Meditando Sobre o Parto

A arte de meditar pode ser utilizada para projetar boas energias para o parto a partir do primeiro mês de gestação. A hora do banho é um momento que pode ser usado com frequência para a gestante meditar e visualizar o seu parto.

Durante o exercício meditativo, o parto deverá ser visualizado nos mínimos detalhes, da maneira como a mãe gostaria de tê-lo. Ela deve sentir como se estivesse vivendo aquele momento, vendo o parto transcorrendo de maneira tranquila e sendo bem-sucedido.

Se ela já conhecer o médico que irá realizar o parto, poderá visualizar seu semblante durante a meditação, vendo-o desempenhando sua função com segurança, confiança e alegria.

Luz branca, azul, prateada ou dourada podem ser projetadas sobre a cena do nascimento. Isso irá assegurar as bênçãos dos Deuses ao parto. A Deusa e o Deus também podem ser visualizados abençoando este momento divino. Se a mãe possuir alguma Deusa de devoção, ela poderá ser visualizada observando o parto, abraçando o bebê, abençoando-os.

Durante as meditações, a Deusa poderá presentear a futura mãe com um objeto ou símbolo. Se isso acontecer, ela deve procurar achar um utensílio o mais parecido possível com o que viu na meditação e usá-lo. Ele irá trazer boas energias e bênçãos para mãe e filho.

Cânticos de Poder para o Nascimento

Muitas são as culturas baseadas na Terra que criaram e criam cânticos de poder para os diferentes momentos da vida. Cânticos também são criados para contar os feitos de uma família, de um povo, de uma tribo e dos Deuses.

A arte de cantar talvez seja uma das mais antigas formas de conexão com o Sagrado. Não existe cultura ou religião que não possua seus cânticos sagrados ou os utilize.

A mãe poderá criar um cântico ou um mantra para ser proferido constantemente durante sua gestação.

Se ela já decidiu o nome do seu filho, poderá utilizá-lo como mantra, cantando-o e fortalecendo o poder pessoal do bebê que se forma em seu útero. Um nome traz a identidade, personalidade e singularidade a um ser, por isso é tão importante.

Ela pode entoar canções que falem sobre o poder da Deusa na sua face de Mãe, como forma de reverenciar o seu filho e a Grande Mãe, além de pedir suas bênçãos e proteção.

Os cânticos que seguem são exemplos que podem ser usados, lembrando que a mãe Wiccaniana também pode criar suas próprias canções que exaltem o poder do nascimento e da vida:

- EU SOU A DEUSA DOS DEZ MIL NOMES
Eu sou a Deusa dos dez mil nomes
E infinitas possibilidades
Todos os poderes Dela são meus
Todos os poderes Dela estão em mim

- ESCUTE ESSA CANÇÃO
Jovem, Mãe , Anciã
Esteja aqui, escute essa canção
Ouço o meu chamado ecoar através dos mundos

- ME ABENÇOE, OH DEUSA
Me abençoe, oh Deusa
E a tudo o que os meus olhos vêem
Me abençoe, oh Deusa
E a tudo o que eu amo
Tudo o que a minha alma busca está em ti
O meu canto elevo aqui

- MÃE DOS DONS
Eu sou a mãe dos dons meus filhos
Sou aquela que concede

Eu sou a mãe da visão eterna
Sou aquela que concede

Eu sou a mãe da compaixão
Sou aquela que concede

Pedras do Nascimento

O uso dos colares sempre esteve ligado ao Divino. Eles são não só um ornamento decorativo, mas representam o elo de ligação entre o Sagrado e o humano.

Para a Wicca, o colar representa o Círculo do Renascimento, o cordão umbilical que nos liga à Deusa. O colar é confeccionado a partir de um fio, que nos liga diretamente ao conceito do destino, da vida e da morte. O simbolismo do fio traz à mente a representação da dimensão universal. Para os povos hindus, por exemplo, o fio é o agente que religa todos os seres entre si e ao seu princípio criador. Ele expressa a ligação com o transcendente, religando o nosso mundo ao outro. Essa ideia também pode ser encontrada entre os gregos, no mito de Ariadne e o fio que traz Teseu ao encontro da luz, libertando-o das garras da morte e do perigo que habita o mundo escuro. Podemos perceber a semelhança entre este mito e o nascimento de um novo ser, que sai do ventre de sua mãe em direção à luz, acompanhado de um fio, seu cordão umbilical.

Assim, confeccionar um Colar de Nascimento para ser usado pela mãe durante todo o seu período de gestação se torna um símbolo poderoso de ligação não só entre ela e seu bebê, mas entre os dois e a energia primordial criadora, a própria Deusa.

Assim que souber de sua gravidez, a futura mamãe pode iniciar a confecção de seu colar e depois consagrá-lo, para que ele conceda equilíbrio, harmonia e bênçãos à gestação.

Materiais Necessários:

- Contas variadas nas cores branco, vermelho e preto
- Símbolos que representem a Deusa, como luas, triskles, conchas, trilunas, yonis etc.
- Fio de náilon

Procedimento: o fio de náilon deve ser medido de forma a fazer uma circunferência que vai do pescoço à altura do umbigo da mãe.

Um nó deve ser feito em uma das pontas e, na outra extremidade, as contas devem ser enfiadas uma a uma. Elas podem ser enfiadas em cores aleatórias ou da forma como preferir. Se desejar, uma sequência de cores poderá ser criada, levando em consideração os números sagrados da Deusa, como 3, 9, 13 ou 28. Dessa maneira, pode-se criar uma sequência de 3 contas brancas, seguidas de 3 vermelhas e 3 pretas. A sequência deverá ser repetida até que toda a extensão do fio seja preenchida. O mesmo procedimento pode ser usado com os números 9, 13 ou 28.

Enquanto fia o colar, a mãe poderá acrescentar os símbolos da Deusa ao colar no decorrer do processo, de forma que o espaçamento entre eles pareça harmônico.

A arte de visualizar é uma ferramenta poderosa em Magia e que deve sempre estar presente quando abençoamos um talismã, anel ou pingente. Por isso, pensar e meditar nas energias que se deseja atrair para a concepção é vital. Enquanto a mãe confecciona o colar, ela deverá visualizar cenas de um parto tranquilo, alegria entre os seus na ocasião do nascimento, etc.

Quando tiver chegado ao final do fio, um nó será dado unindo as duas pontas e finalizando o processo. O colar estará, então, pronto para ser consagrado.

Consagrando o Colar de Nascimento

Quando o colar estiver devidamente confeccionado, é hora de consagrá-lo e abençoá-lo, dando a ele uma função mágica, tornando-o assim um elo de comunicação com a Deusa. Para isso será necessário:

- Pó de argila
- Manjericão fresco
- Pétalas de girassol
- Alecrim fresco
- Uma vasilha de vidro com água

Procedimento:

O manjericão, o alecrim e as pétalas de girassol deverão ser colocados na vasilha com água.

A mãe esfregará suas mãos uma na outra enquanto visualiza uma luz branca entrando pelo centro de sua cabeça. Quando isso acontecer, ela deve colocar as mãos sobre a vasilha de água, visualizar a luz saindo por elas, magnetizando a água, enquanto diz:

Eu abençoo esta água
Eu abençoo estas ervas
Peço saúde e proteção para a minha gestação
Deusa, conceda-me sua bênção

A futura mãe deve molhar as mãos na água e, então, começar a macerar as ervas dentro da vasilha, mentalizando sempre uma gestação tranquila e harmônica. Ela não deve esquecer de visualizar cenas que representem isso enquanto macera as ervas.

O processo deverá continuar até que as ervas tenham soltado suas propriedades mágicas. Isso acontecerá quando a água estiver totalmente esverdeada.

Ela, então, lavará o Colar de Nascimento na água, enquanto continua mentalizando o que deseja. Em seguida, passará o pó de argila nele. A argila representa o elemento Terra, a nossa ligação com a Mãe Terra, que nos nutre e nos gerou.

Enquanto passa o pó de argila, ela deverá visualizar, com o olho da mente, sua aura se misturando com a aura do colar, do bebê em seu ventre e, em seguida, com a aura do próprio planeta. Assim, eles estarão unidos numa poderosa rede de energia.

Ao terminar, o colar será colocado no pescoço, enquanto o visualiza brilhando. Ele deverá ser usado constantemente para trazer as bênçãos da Deusa durante o período de gestação.

Criando um Altar de Nascimento

O altar é um lugar sagrado construído para servir de ponto focal para meditação e para elevar nosso pensamento aos Deuses.

Criar um altar é simples. Qualquer superfície disponível pode facilmente se transformar em um altar, que poderá ser usado para a conexão com a Deusa durante o período de gestação.

Assim sendo, tão logo a mulher descubra que está grávida, ela deverá começar a juntar objetos que farão parte do seu Altar de Nascimento.

A vida opera de maneira simbólica. Existem muitos símbolos ligados ao nascimento ao nosso redor — nas flores, cores, animais. A mãe deverá usar esses símbolos não só para erigir o seu altar, mas de muitas outras maneiras. Ela deverá trazer alguns desses símbolos para o seu dia a dia, na forma de gravuras, estátuas etc. Se ela for confeccionar algumas roupas ou mantas para o bebê, não deve esquecer de incluir esses símbolos no enxoval. Os símbolos mais utilizados para atrair energias positivas para o nascimento de um bebê incluem luas, meias-luas, trilunas, a runa Berkana e todos os símbolos diretamente ligados à Deusa. Tais símbolos poderão fazer parte integrante do altar.

Para começar, será necessário escolher algo que retrate a Deusa. Muitos Wiccanianos utilizam estatuetas para essa finalidade. Existem diversas estátuas de Deusas da fertilidade e do nascimento que podem ser encontradas com facilidade. A mãe poderá procurar por estátuas de Gaia, Bast, Ísis, Tauret, Hathor — Deusas estas diretamente ligadas ao nascimento — ou qualquer outra com a qual se sinta confortável.

Algumas pessoas preferem usar um objeto simbólico para representar a Deusa, usando uma gruta de cristal, concha, pedra furada ou qualquer outro símbolo para essa função. A mulher deve sentir-se à vontade para escolher a representação da Deusa que mais fale ao seu coração.

Sobre o altar, serão colocados também alguns símbolos que representam os quatro elementos da natureza.

O ponto norte é tradicionalmente associado à Terra. Assim, objetos que representam este elemento podem ser colocados neste quadrante. Alguns exemplos de símbolos da Terra são uma pedra, uma flor, um cristal, um pedaço de casca de árvore ou qualquer outro objeto que lembre este elemento.

No leste está o Ar. Objetos como penas, incensos, sinos podem ser adicionados a este ponto cardeal.

No sul está o Fogo, onde poderá haver uma vela ou lamparina.

E no oeste, a Água, que pode conter uma concha, cálice com água ou outro objeto que remeta nossa memória a este elemento.

Tudo deve ser disposto de maneira harmônica, acrescentando-se demais símbolos que representam o nascimento, como ninhos, ovos de cristal, pedras furadas, conchas ou cauris, pois simbolizam o ventre da Deusa.

O altar deverá ser abençoado com os 4 elementos[1]. Use uma invocação espontânea, pedindo aos Deuses que aquele se torne o lugar onde seja possível meditar e buscar forças para esta nova etapa de vida.

O melhor local para o altar ficar é o quarto, mas qualquer outra parte da casa poderá ser usada para isso. Oferendas de leite com mel, água, grãos, bolos e pães devem sempre ser deixadas sobre o altar em honra à Deusa.

Esses alimentos poderão ser ingeridos depois pela mãe e seu companheiro, pois estarão abençoados. Caso prefiram não ingeri-los, as oferendas deverão ser deixadas sobre o altar por alguns dias e, então, posteriormente enterradas aos pés de uma árvore, para que o alimento sirva de nutriente para a Terra, para que, dessa maneira, ela possa continuar compartilhando suas bênçãos de abundância e fartura com todos.

Participação do Pai na Gestação

Como mencionado antes, antigamente o conceito de participação do homem na concepção inexistia.

Os povos primitivos acreditavam que a gravidez era alcançada através de práticas mágicas e xamanísticas. Muitas crenças diferentes se desenvolveram em épocas e culturas distintas. Para alguns povos, a mulher engravidava através da luz da lua, que penetrava pelos seus poros e barriga, plantando uma nova vida no ventre da mulher. Para outros, a gravidez era resultado de certas beberagens; outros ainda acreditavam que a nova vida que crescia no ventre de uma mulher era resultado do

1 Vide Compêndio.

retorno dos seus ancestrais, que em dado momento sentiam-se atraídos novamente ao ventre de sua descendente para renascer e dar sequência à sua linhagem e sangue.

O papel do homem na concepção foi sumariamente negligenciado durante muito tempo. Isso resultou numa cultura primitiva matrilinear. Praticamente todas as antigas culturas tinham sua descendência contada a partir da figura da mãe. Egípcios, babilônicos, celtas, etruscos, chineses, gregos, tibetanos — todos recebiam seus nomes a partir de suas mães, e muitas delas eram as chefes e dirigentes das tribos e comunidades antigas. Até um certo tempo, a paternidade espiritual e física não era reconhecida por essas velhas civilizações.

No entanto, hoje, com os avanços científicos, sabemos que essa afirmação não é totalmente verdadeira. Mesmo a mãe sendo a figura-chave mais significativa para os processos de concepção e gestação de um bebê, é chegada a hora de dar um lugar para a figura do pai nesse fascinante universo de espera por uma nova vida. Isso seguramente contribuirá para a formação de pais mais sensíveis, participativos e conscientes, lançando luz para uma nova legião de progenitores masculinos mais afinados com os princípios da Wicca e com a filosofia por trás da religião da Deusa.

Até agora, focamos principalmente a figura da mãe nos processos mágicos para a gestação, mas o papel do pai também é importante. O pai pode participar de muitas formas durante a gestação da mulher, realizando todos os rituais e processos preparatórios da gravidez com ela.

Todas as ideias de práticas dadas aqui até o presente momento podem ser facilmente adaptadas para a participação do futuro pai. A mãe e o pai do bebê podem caminhar, abençoar a alimentação ou meditar juntos. Cantar o nome do bebê também pode ser uma experiência transformadora para ambos.

Se o pai tiver habilidades manuais, pode construir o berço do seu filho ou até mesmo personalizá-lo com uma pintura especial, colando ou pintando símbolos nele e no quarto do bebê, abençoando-o enquanto desempenha essas atividades que seriam realizadas de forma mecânica e sem nenhum simbolismo mágico especial pela maioria das pessoas.

O pai pode também preparar banhos mágicos para banhar sua companheira. Um ótimo banho de nascimento pode ser feito com pétalas de rosas brancas, jasmim e algumas gotas de mel. Este banho, além de ser relaxante, utiliza ervas ligadas à Lua e Vênus, que possuem especial relação com os poderes do nascimento.

Após dar o banho em sua companheira, o pai poderia colocar o Colar de Nascimento no pescoço dela, dizendo palavras como as que seguem:

Você é a própria Deusa manifestada para mim,
pois, como Ela, você tem o poder de gerar e nutrir a nova vida.
Abençoada seja, minha Mãe, irmã e amiga.
Abençoada seja por guardar em seu ventre a união de nossas almas.
Abençoada seja por todas as Deusas do nascimento e da vida.
Seja coroada de estrelas,
seja coroada de saúde,
seja coroada de fertilidade.
Eu me rendo aos seus poderes criativos.
Eu me rendo ao seu poder único de dar e gerar a vida.
Eu me rendo aos seus Mistérios, que mortal algum jamais poderá desvelar.

Ao fazer isso, o homem pode enxugar sua esposa, ajoelhar-se perante ela e beijando seus pés, dizer:

Abençoados sejam seus pés, que conduzem teus caminhos.

Beija seus joelhos e diz:

Abençoados sejam seus joelhos, que te sustentam em segurança.

Beija o ventre dela e diz:

Abençoado seja o seu ventre, que guarda o nosso filho.

Beija os seus seios e diz:

> ABENÇOADOS SEJAM SEUS SEIOS, QUE NUTRIRÃO UMA NOVA VIDA.

Beija seus lábios e diz:

> ABENÇOADOS SEJAM SEUS LÁBIOS, DE ONDE SAEM AS PALAVRAS QUE ENSINARÃO O NOSSO FILHO.

Ao fazer isso, ele pode ungir o corpo de sua companheira com óleo de amêndoas ou sementes de uva. Isso irá hidratar a pele dela, além de transmitir ao bebê a sensação de carinho e amor paterno.

Ao massagear a barriga de sua esposa, o pai poderá conversar com o seu filho, dizendo o quanto ele é esperado e amado. Nesse momento, ele pode cantar uma canção de ninar, um cântico para a Deusa, para o Deus ou um que invoque o poder dos elementos. A mãe pode ajudar o seu companheiro com a canção e, unidos, os dois transmitirão todo o seu afeto ao seu filho, que sentirá o amor chegar até ele, fazendo com que tenha a sensação de conforto e segurança para entrar nesse novo mundo tão assustador.

Depois disso, ambos podem se dirigir ao altar, acender uma vela e fazer seus agradecimentos e pedidos aos Deuses. Podem também fazer uma oferenda de frutas, pães e bolos, que poderá ser ingerida mais tarde por ambos.

Práticas como essas podem ser repetidas frequentemente durante a gestação. Isso irá favorecer a ligação espiritual e emocional entre mãe, pai e filho, formando assim uma só aura que os manterá conectados durante toda a vida.

Cerimônia do Caminho da Bênção (Blessingway)

O *Blessingway* é uma cerimônia tradicional dos Navajos que visa honrar a transição da mulher para a maternidade. A cerimônia do Caminho da Bênção, que é feita antes do nascimento de uma criança, é tão antiga quanto o povo Navajo. Neste ritual, os mitos da Mulher que Muda e o nascimento de seus dois filhos gêmeos são contados através de cânticos e lendas.

Essa cerimônia tem sido uma grande fonte de inspiração para as mulheres grávidas criarem seus próprios rituais de nascimento, dando a eles o nome de *Blessingway*. Apesar de ser um rito originalmente nativo-americano, um ritual adaptado para a realidade da vida moderna poderá ser incorporado por Wiccanianos em sua prática, pois carrega em si símbolos universais que honram o poder criador da mulher.

O *Blessingway* é um Rito de Passagem. Um ritual que marca a transição de uma mulher para a maternidade é uma poderosa fundação não só para ela quanto para o bebê.

Neste ritual, as pessoas queridas se reúnem para compartilhar o seu amor, sabedoria e carinho — sentimentos que serão grandes auxiliares durante o processo de gestação, para fortalecer a mãe na difícil tarefa de dar à luz uma nova vida.

O ritual do Caminho da Bênção é uma celebração exclusivamente feminina, centrada no poder das mulheres. O tema central deste ritual é mostrar à mulher sua força, beleza, dignidade, o poder da irmandade, o reconhecimento de seu poder divino criador e o simbolismo por trás das transformações do corpo conforme ela atravessa sua gestação.

Através do *Blessingway*, a mulher poderá usar o ritual para celebrar sua força geradora, o impacto das transformações trazidas pela maternidade e a responsabilidade de carregar uma nova vida, cuidando dela, nutrindo-a e amparando-a depois do nascimento.

Em nossa cultura atual, existem pouquíssimas formas de celebrar a passagem de uma mulher pela maternidade. Alguns rituais modernos, como o chá de bebê e o primeiro banho da criança, foram incorporados neste processo, mas eles quase sempre enfocam mais a criança do que a mãe em si. A cerimônia do *Blessingway* torna-se então um momento mágico para enaltecer a mãe e fortalecê-la.

O *Blessingway* inclui fumigações rituais, confecção de objetos de poder, velas para iluminar o caminho da nova vida, cânticos, leituras de poesias e inúmeros outros itens simbólicos que carregam uma poderosa mensagem para guiar a mãe através das transformações que um nascimento traz.

Daremos aqui ideias para que cada mãe possa criar seu *Blessingway* de forma única. Exatamente por isso, um roteiro com começo, meio e fim não será fornecido. O que segue são apenas sugestões e informações sobre as tradições e procedimentos básicos mais comuns do *Blessingway*.

Para a celebração deste ritual, um número pequeno de amigas e familiares da mãe é o ideal, pois isso preservará a natureza espiritual da cerimônia.

As convidadas deverão vestir uma roupa cerimonial para a ocasião. Batas, robes, mantos e roupas largas em estilo indiano são ideais. Elas também deverão trazer um presente para a futura mãe. O presente pode ser qualquer coisa, como uma canção, uma poesia, uma dança. Este presente será uma lembrança simbólica e se tornará uma afirmação sobre o que verdadeiramente a maternidade significa. Alguns dos itens mais comuns do *Blessingway* incluem:

- **Velas**: simbolizam a luz que a nova vida que cresce no interior da mulher irá trazer.
- **Botões de flores**: simbolizam a abertura do corpo da mulher quando chegar a hora do nascimento do bebê.
- **Chaves**: estão ligadas ao poder da mulher de abrir as portas do coração, da alma e do ventre para os poderes da maternidade.
- **Pedras**: são consideradas os ossos da Terra. Representam a conexão da mãe e do bebê com a Terra e com seus ancestrais.
- **Água**: representa o útero da Deusa, o amor, a compaixão e a capacidade de limpar nossos corpos e espíritos.

- **Guirlanda de videira ou hera entrelaçada:** representa a imanência e a interconectividade de tudo e todos, a capacidade que temos de nos unir para vencer os obstáculos.
- **Duas contas de colar:** uma para a mãe e outra para o bebê. Essas contas serão usadas para construir um colar ou pulseira para ser usada pela mãe, como um lembrete dos poderes da irmandade e do *Blessingway*.

Muitos outros itens que as convidadas julgarem apropriados podem ser adicionados a esta lista. O importante é usar a criatividade.

Uma cadeira enfeitada com grãos, trigos e botões de flores pode ser confeccionada. Nela, a gestante sentará ao norte, observando toda a cerimônia preparada por suas amigas e familiares.

Um altar com objetos decorativos com motivos ligados ao nascimento, bem como Deusas grávidas e símbolos de fertilidade, deve ser erigido no local da cerimônia e será o ponto focal da celebração. Símbolos dos 4 elementos também devem estar posicionados no altar, em suas respectivas direções sagradas[2].

O círculo poderá ser definido com flores, trigo, conchas, pedras — todos símbolos apropriados para o nascimento.

O ritual transcorre com o lançamento de um Círculo Mágico. Invocações são feitas expressando gratidão à Deusa, à Mãe Terra e a todas as suas criaturas. Nessas invocações, palavras que expressam bênçãos para a mãe e para o bebê são proferidas. Velas são acesas, e as mulheres fumigam a mãe e a si próprias com uma mistura de cedro e sálvia, sândalo ou lavanda. Enquanto isso, cânticos apropriados que falem da Deusa e de seu poder gerador são entoados, colocando todas as mulheres em um estado receptivo, além de conferir ao lugar uma atmosfera tranquila e segura.

Cânticos sugeridos para o momento incluem:

2 Vide Compêndio.

- Você nasce neste círculo
De uma mulher você nasceu para este mundo
Pela mulher você nasce neste círculo

- O poder de criar
Nossas vozes são sagradas
E carregam o poder
O poder de criar, o poder de transformar, de mudar a vida
Nossas mãos/corpos/mentes/canto...são sagradas(os) e carregam o poder....

- No centro dela
No centro Dela
Toco o meu centro

- Sábia e forte
Sábia e forte
Ela está em tudo
Seu Espírito eu posso sentir
Ela é a montanha
Ela é o oceano...
Ela é o mar...
Ela é o rio...

- Início do mundo
O Oceano é o início do mundo (2x)
Toda a vida vem do mar (2x)

- Sou firme como a rocha
Sou firme como a rocha, um porto seguro
Velho como a pedra, forte como o mar
Protegido como o seixo no ventre da Terra
E a água que flui em mim

- Eu sou tudo
Eu sou tudo
Eu me sinto com vida
Eu sou tudo
Eu me sinto com luz

Esses cânticos poderão ser entoados nesta e em outras partes da celebração. O ritual prossegue com cada mulher presenteando a mãe com o item escolhido e explicando para ela o seu significado e simbolismo.

Após a apresentação dos presentes e da fumigação, as mulheres podem oferecer uma imagem positiva da maternidade para a futura mãe, contando suas próprias histórias sobre o nascimento, lendas e mitos de Deusas que tenham a gestação como tema central. A intenção é transmitir à mãe uma imagem energizadora sobre esse importante momento, de forma que a mulher saiba que ela será apoiada, nutrida e cuidada com carinho, e que suas amigas e família estarão lá para tudo o que ela precisar.

Depois disso, as mulheres poderão lavar os pés da futura mãe em uma bacia com água e pétalas de rosas e fazer uma massagem nos seus pés. Agachadas para lavar os pés da gestante, elas estarão na posição de cócoras, usada pelas mulheres de antigamente para dar à luz. Assim, estarão evocando o simbolismo da fertilidade e renovação da vida enquanto fazem isso.

Uma Máscara do Ventre pode também ser feita. O procedimento para criá-la segue o mesmo padrão da confecção de máscaras artesanais: untar a barriga da mãe com vaselina, cobrindo toda a superfície com gaze e dando leves pinceladas de gesso, que serão cobertas com novas e sucessivas camadas de gaze e gesso, resultará numa linda máscara que guardará as formas da barriga da gestante.

As Máscaras do Ventre são duradouras, e são uma forma de eternizar este momento tão importante para mãe e bebê. Ela simboliza a preservação do momento em que mãe e filho eram um só. Posteriormente, essa máscara poderá ser decorada com símbolos da Deusa ou qualquer outro motivo pela futura mãe.

Após a Máscara do Ventre ser confeccionada, as mulheres poderão fazer um círculo, colocando a futura mãe no meio dele, enquanto dizem afirmações positivas que darão segurança e a fortalecerão internamente.

O nome da mulher poderá ser cantado, acompanhado de tambores, chocalhos e sinos, enquanto todas as mulheres dançam ao redor dela.

Estas são algumas ideias do que pode ser feito em um *Blessingway*. Cada círculo de amigas terá um ritual único e diferente, pois cada grupo possui uma alma, um espírito e honra o Sagrado de diferentes maneiras.

O *Blessingway* é uma cerimônia incrível, que lembrará sempre à futura mãe de honrar a sacralidade de seu corpo e espírito. Ela deve ser uma cerimônia memorável, da qual a mulher jamais se esquecerá.

Costumes Ancestrais Que Envolvem o Nascimento

Todas as culturas do mundo possuíram tradições acerca do nascimento. O período de gestação inclui uma vasta coleção de tradições, incrivelmente similares entre as diversas religiões do mundo, e a futura mãe poderá utilizar algumas delas como inspiração para criar pequenas práticas rituais e devocionais durante a gestação. Conheça algumas destas tradições abaixo:

- Na Europa, um costume muito tradicional para assegurar uma gravidez saudável e feliz era o uso de algum amuleto ou pingente preparado com essa função específica. Geralmente, tal artefato era confeccionado com um dente de javali, que asseguraria a prosperidade e honra da criança, bem como a descendência da família, já que o animal estava diretamente ligado à fertilidade.
- Muitas das crenças dos antigos europeus envolviam o rapto do bebê, antes e, em alguns casos, depois do seu nascimento, por seres do Outromundo. Para se prevenir contra a atuação desses seres mágicos, os escoceses das Ilhas de Orkney, por exemplo, agiam como se nada de diferente estivesse acontecendo. Isso incluía não se preparar para o parto ou confeccionar berços ou roupas para o bebê. Eles acreditavam que, dessa forma, confundiriam os seres mágicos, de maneira que eles não notassem a gravidez e não voltassem suas atenções para a futura mãe.
- As mulheres grávidas também se preveniam contra o espírito da Morte. Na Irlanda, uma mulher grávida jamais comparecia a um velório ou permanecia num lugar onde houvesse um cadáver, pois acreditava-se que isso causaria o nascimento

prematuro do bebê. A visita a um cemitério ou tumba também era evitada, pois, se a sombra de um túmulo fosse refletida sobre uma gestante, isso poderia causar aborto.

- Um dos tabus alimentares para gestantes incluía o peixe e qualquer tipo de lesma, como o escargot. Acreditava-se que qualquer mãe que comesse tais iguarias conceberia filhos lentos no processo de aprender, falar ou andar.
- Entre os europeus, onde a arte da forja era muito comum, era costume uma mãe martelar uma barra de metal em processo de forjamento. Isso assegurava um nascimento feliz e seguro. Talvez tal costume esteja ligado a Brigit como Senhora da família, do parto e também da forja. Outro costume tradicional entre os povos da Europa incluía deixar uma faca sob a cama da grávida durante os nove meses de sua gestação. Após o nascimento do bebê, a faca era transferida para a cama da criança, para sua proteção integral.
- Um pai sempre amarrava a liga de sua esposa grávida, para facilitar o parto, ou ainda a mulher usava frequentemente os chinelos do marido para provocar o mesmo efeito.
- As mães japonesas tinham o costume de esfregar suas barrigas para que seus filhos não nascessem mimados.
- Os povos asiáticos também acreditavam que os espíritos maus poderiam tomar forma através de um novo bebê concebido. Para afastar a presença de tais espíritos, as mães usavam sinos dourados em seus pulsos e tornozelos e deixavam próximo às suas camas pequenas bolsinhas de alfinetes.
- No Antigo Egito, as mães preparavam e decoravam o seu quarto especialmente para o nascimento do bebê. Os locais eram ricamente decorados com as figuras de Deusas e Deuses da fertilidade, como Ísis, Bast, Hathor, Tueris e Bes. A mãe transformava o seu quarto num altar para receber a nova vida, renovando assim as energias de seu próprio lar.

CAPÍTULO 3

Rituais Pós-Parto

Berço da Criação
Proteja essa criança do perigo.
Filho de todos os amanhãs,
durma tranquilo em meus braços.
Um belo dia,
ao despertar,
você descobrirá
no que veio servir
à humanidade.

Jamie Sams, 1990

Nos rituais e práticas que envolvem o nascimento estão incluídos também os rituais pós-parto, que são Ritos de Passagem importantes não só para os pais, mas também para o bebê e, muitas vezes, para toda a família ou comunidade espiritual à qual os pais pertencem.

A realização dos Ritos de Passagem após o nascimento destina-se a apresentar o novo ser a uma comunidade e marcar definitivamente sua existência.

Em nossa cultura descartável e consumista, a chegada de um bebê é geralmente marcada com bebidas e cigarros, sem uma passagem mágica e simbólica significativa. As mulheres geralmente ficam no quarto com conversas sobre tricô, crochê e o primeiro banho do bebê, enquanto os homens ficam na sala assistindo partidas de futebol e tomando cerveja. À criança em si é dada pouca importância. O nascimento torna-se um mero motivo para mais uma reunião social que poderia acontecer com ou sem a chegada do bebê.

Ao celebrarmos o nascimento de uma criança como um Rito de Passagem cerimonialmente marcado, estamos assegurando uma nova visão de mundo e dando significado ao nascimento do novo ser.

As cerimônias pós-parto geralmente são celebradas entre o casal, podendo se estender aos familiares e amigos mais íntimos. Quando os pais fazem parte de um Coven, Grove, Círculo ou pertencem a uma comunidade pagã, tais cerimônias se desenvolvem no interior da família espiritual, com alguns convidados ou não, dependendo das diretrizes e leis de cada grupo.

Se os pais fazem parte de uma Tradição estabelecida, provavelmente existam rituais pós-parto padrões observados por aquele grupo. Caso sejam bruxos solitários, não há um formato preestabelecido para estes rituais, e o casal poderá criar sua própria cerimônia baseada em sua prática pessoal, panteão cultuado, Deuses de devoção e demais particularidades individuais.

O intuito básico dos rituais pós-parto é abençoar o novo ser que chega à Terra, jamais comprometê-lo com a espiritualidade de seus pais. Uma regra uníssona entre pagãos é que religião não se herda, se escolhe. Assim sendo, o bebê é apenas apresentado aos Deuses de devoção de sua família, para que esteja protegido e amparado espiritualmente até que possa decidir por si só qual o melhor caminho religioso para ele.

Existem basicamente dois rituais realizados na Wicca para marcar o nascimento de um ser: o Rito de Unção e o *Wiccaning*.

Mesmo que a maioria das tradições da Wicca reconheça somente esses dois ritos, os pais poderão idealizar e criar outras cerimônias que julguem necessárias e importantes para a chegada do bebê. De forma geral, os temas principais dos ritos pós-parto são bênção e proteção. Na Wicca, a Deusa, o Deus, Deuses e Espíritos dos Elementos são convidados a testemunhar o ritual e concederem suas bênçãos ao recém-nascido.

Cada elemento está diretamente ligado a atributos e habilidades como coragem, amor, crescimento, emoção, harmonia, verdade, prosperidade. Essas habilidades são chamadas uma a uma para estarem presentes na vida da criança, possibilitando que ela cresça forte e saudável.

Unção de um Recém-Nascido

O Rito de Unção é realizado logo após o nascimento do bebê. Neste ritual, a criança é ungida com óleos sagrados e abençoada com dons para serem utilizados em sua vida. É uma maneira utilizada por nós, bruxos, de presentear magicamente o novo ser que veio ao mundo.

Neste rito, participam os bruxos do Coven dos pais, que ungirão o bebê enquanto conferem seus dons pessoais a ele. Assim, um bruxo inteligente pode doar parte de seu dom pessoal ao bebê, conferindo-lhe a capacidade de aprender com facilidade. A bruxa cantora pode abençoar a criança com uma linda voz; uma pessoa saudável poderá ungir a criança com o óleo sagrado enquanto lhe confere saúde plena. Cada bruxo doa à criança uma qualidade ou virtude sua, como um presente mágico.

Esta é uma prática pagã muito antiga, que inspirou inclusive diversas histórias infantis, onde fadas madrinhas são convidadas para conferir suas habilidades especiais a uma princesa, como um presente mágico.

Um casal de bruxos que não faz parte de um Coven pode adaptar a cerimônia tradicional, convidando parentes e amigos queridos para ungirem seu filho e conferirem a ele seus dons.

RITO DE UNÇÃO

MATERIAIS NECESSÁRIOS:

- Incenso de lavanda
- Óleo de amêndoa
- 2 velas azuis
- Os instrumentos de altar
- Comidas e bebidas para o banquete

PROCEDIMENTO:

As duas velas azuis são colocadas sobre o altar de nascimento. Sobre ele também serão dispostos o incenso e o óleo de amêndoa. O Círculo Mágico é traçado de forma usual. O óleo de amêndoa é apresentado para as quatro direções, enquanto se pede aos Espíritos dos Elementos, à Deusa e ao Deus que abençoem aquele óleo.

O Oficiante volta-se para o quadrante norte e diz:

PODERES DO NORTE E DA TERRA,
UM NOVO SER NASCEU ENTRE NÓS.
PEDIMOS SUA PRESENÇA NESTE CÍRCULO PARA QUE ELE POSSA SER RECONHECIDO E ABENÇOADO POR VOCÊS.

O Oficiante volta-se para o ponto cardeal leste e diz:

PODERES DO LESTE E DO AR,
UM NOVO SER NASCEU ENTRE NÓS.
PEDIMOS SUA PRESENÇA NESTE CÍRCULO PARA QUE ELE POSSA SER RECONHECIDO E ABENÇOADO POR VOCÊS.

O Oficiante volta-se para o sul e diz:

PODERES DO SUL E DO FOGO,
UM NOVO SER NASCEU ENTRE NÓS.
PEDIMOS SUA PRESENÇA NESTE CÍRCULO PARA QUE ELE POSSA SER RECONHECIDO E ABENÇOADO POR VOCÊS.

O Oficiante então, por último, volta-se ao oeste e diz:

Poderes do Oeste e da Água,
um novo ser nasceu entre nós.
Pedimos sua presença neste Círculo para que ele possa ser reconhecido e abençoado por vocês.

A criança é apresentada aos quatro quadrantes e, de frente para o altar, ela é elevada em sinal de apresentação à Deusa e aos Deuses. O Oficiante então diz:

Pequenino, seja bem-vindo.
Seja bem-vindo ao calor do nosso corpo, seja bem-vindo às nossas canções e festas. Nossas bênçãos são como toques, que chegam a você como um amigo para guiá-lo da escuridão à luz.
Assim como constantemente celebramos a Roda e o nascimento do Deus, que traz luz à Terra conforme ele emerge da escuridão, assim também hoje celebramos o nascimento de sua vida. Abençoado seja, pequenino, pela Senhora e pelo Senhor.

A mãe molha um de seus dedos no óleo e, então, faz um pequeno pentagrama invocante na testa da criança e diz:

Eu lhe confiro o dom de (dizer sua habilidade pessoal a ser conferida).

Em seguida, a criança é passada para o pai, que faz o mesmo, conferindo ao bebê uma de suas qualidades pessoais.

A criança vai passando entre os presentes, e cada um repete as mesmas ações, conferindo ao bebê um de seus dons naturais.

Quando todos tiverem feito isso, o Círculo Mágico é destraçado como de costume, e então a próxima Lua Cheia é aguardada para que o *Wiccaning* seja realizado.

O Banquete[3] é celebrado.

---

3 Banquete é como chamamos a partilha de alimentos após os rituais. Isso é encarado como uma forma de celebração e um chamado para que a consciência retorne ao seu estado habitual depois de práticas mágicas

Wiccaning

O *Wiccaning* é um rito de apresentação e é erroneamente chamado, muitas vezes, de batismo pagão. Não existe batismo na Wicca!

O termo batismo ganhou este nome em homenagem ao personagem da mitologia cristã João Batista, que teria sacramentado Jesus nas águas do Rio Jordão. Assim sendo, a palavra batismo é imprópria para traduzir o real significado do termo *Wiccaning*, que é meramente um ritual de apresentação do bebê aos Deuses e à comunidade.

Esta cerimônia também recebe outros nomes, como *Paganing*, Cerimônia do Nome, Nomeação, Bênção.

No *Wiccaning*, o bebê recebe um nome pagão pelo qual será reconhecido na comunidade de seus pais e no mundo dos Deuses. Este nome é a identidade mágica da criança, um nome ritual que lhe é dado e que tem a capacidade de conferir atributos e habilidades especiais para a criança, de acordo com o seu significado.

Enquanto o batismo cristão compromete a criança com a Igreja — uma vez que, ao ser batizada, ela é automaticamente considerada cristã, sem sequer ter tido o direito de escolha própria, em função de sua pouca idade ou poucos meses de vida — , o *Wiccaning* é meramente um rito de bênção ao recém-nascido, que não o compromete com a Wicca de forma alguma.

Wiccanianos respeitam profundamente o livre-arbítrio e a liberdade. Assim, a escolha religiosa de uma criança também é algo que deve ser altamente respeitado. Geralmente, crianças pagãs são criadas no interior das tradições e costumes religiosos de seus pais, mas são familiarizadas com todos os outros caminhos espirituais disponíveis, para que possam fazer uma escolha consciente.

O livre-arbítrio é intocável e sagrado para a religião Wicca. Assim, comprometer um recém-nascido antes de ele ter discernimento necessário para fazer uma escolha consciente é uma violação ao sagrado direito de liberdade, tão importante para as religiosidades pagãs.

No *Wiccaning*, a criança também ganha padrinhos. Juntos, pais, família e padrinhos formam um círculo de amor e proteção para a criança, para que ela seja auxiliada em tudo o que for necessário e possa ser cuidada com carinho. Estas serão as pessoas a quem ela poderá se voltar quando precisar de assistência, e os padrinhos são responsáveis parentalmente por ela, são seus segundos pais.

Ao contrário do que ocorre com o batismo cristão, os padrinhos não se comprometem em orientar a criança de acordo com a fé dos pais, mas sim em ser um ponto de apoio durante sua vida, no que for preciso.

O *Wiccaning* ocorre na primeira Lua Cheia após o nascimento da criança. Esperar alguns dias após o nascimento de um bebê para apresentá-lo aos Deuses é um costume muito antigo. Muitas culturas ancestrais esperavam de três dias a três meses após o nascimento da criança para que ela passasse pelo seu primeiro rito de passagem e fosse apresentada à sua comunidade.

É fácil entender tais procedimentos e tabus numa época ancestral onde doenças e contratempos do parto significavam, invariavelmente, a morte da criança — às vezes, de sua própria mãe. Hoje, com os avanços científicos e da medicina, tal temor já não é vivido com tanta frequência. Porém a Tradição sobrevive e visto que o Plenilúnio é o momento mais sagrado para Wiccanianos, o Esbat[4] que ocorre após o nascimento do bebê é o dia ideal para seu *Wiccaning*.

O *Wiccaning* é o primeiro Rito de Passagem significativo na vida de uma criança. Muitos povos ancestrais acreditavam que uma pessoa só passava a ter vida e identidade quando ganhasse um nome. Exatamente por esses motivos, a celebração de nomeação deve ser um evento memorável.

Apesar de fornecermos um exemplo de *Wiccaning* mais adiante, o ideal é que os próprios pais criem a cerimônia do seu filho, convidando seus Deuses pessoais, guardiões e poderes que reconhecem para fazer parte da celebração.

Algumas dicas para que você possa criar um *Wiccaning* incluem o uso de flores frescas (como as do campo) sobre o altar, além de velas brancas, simbolizando a pureza, ou prateadas, representando as bênçãos da Deusa na sua face de Donzela. O leite, símbolo de fertilidade e sobrevivência, também poderá ser colocado sobre o altar para ser provado por todos que participarem do ritual.

Lembre-se de que o *Wiccaning* é um ritual de bênção ao recém-nascido. Dessa forma, as palavras que serão usadas em um ritual incluem pedidos de proteção e externarão o amor e carinho ao bebê. Uma apresentação aos

---

4 Noite de Lua Cheia.

quadrantes e aos Deuses também costuma ser parte integrante do Rito. Uma poesia ou canção também pode ser dita no ritual. A criatividade é a palavra imperante.

No *Wiccaning* a criança também recebe um nome pagão[5]. O nome deverá ser escolhido pelos pais e deve expressar algo que queira ser atraído para a vida da criança: um sentimento, uma força mágica, uma qualidade especial, um atributo etc.

A cerimônia de *Wiccaning* descrita a seguir pode ser uma fonte inspiradora para quando você precisar realizar este ritual:

Ritual de Wiccaning

Materiais Necessários:

- Incenso de lavanda
- Água
- Sal
- Altar com seus respectivos instrumentos
- Comidas e bebidas para o banquete

Procedimento:

Os participantes formam um grande Círculo ao redor do altar, dando-se as mãos.

O pai caminha ao redor do Círculo com o incenso, representando os elementos Fogo e Ar. A mãe prossegue da mesma forma, borrifando o Círculo com água salgada, representando os elementos Água e Terra, enquanto diz as seguintes palavras:

> Que este Círculo seja um lugar de amor, alegria e verdade. Que ele nos proteja de todo mal e seja um local de proteção para todos nós. Nós o abençoamos e consagramos em nome da Deusa e do Deus.

Os pais deixam os elementos de suas mãos sobre o altar e então começa a invocação aos quadrantes.

5 Sugestões de nomes Pagãos estão disponíveis em outro livro do autor: Coven-Rituais e Práticas de Wicca para Grupo

A mãe volta-se para o Norte e então diz:

PODERES DO NORTE,
CHAMAMOS VOCÊS PARA TESTEMUNHAREM ESTE RITO DE WICCANING E TRAZEREM A ESTE CÍRCULO A FORÇA, O PODER E A CONCRETIZAÇÃO DE NOSSOS IDEAIS. SEJAM BEM-VINDOS!

O pai volta-se para o Leste, dizendo:

PODERES DO LESTE,
CHAMAMOS VOCÊS PARA TESTEMUNHAREM ESTE RITO DE WICCANING E TRAZEREM A ESTE CÍRCULO A FORÇA DA PALAVRA E DA INTELIGÊNCIA. SEJAM BEM-VINDOS!

O pai volta-se para o Sul e diz:

PODERES DO SUL,
CHAMAMOS VOCÊS PARA TESTEMUNHAREM ESTE RITO DE WICCANING E TRAZEREM A ESTE CÍRCULO O VIGOR, O BRILHO DO ESPÍRITO E O CALOR DE SUA PRESENÇA. SEJAM BEM-VINDOS!

A mãe volta-se para o Oeste e diz:

PODERES DO OESTE,
CHAMAMOS VOCÊS PARA TESTEMUNHAREM ESTE RITO DE WICCANING E TRAZEREM A ESTE CÍRCULO O AMOR, A COMPAIXÃO E A VERDADE. SEJAM BEM-VINDOS!

A mãe fica de frente para o altar e invoca a Deusa, dizendo:

DEUSA DE INFINITOS E INCONTÁVEIS NOMES, PRIMEIRA E ÚNICA, COROADA DE ESTRELAS, ESTEJA EM NOSSO RITUAL, UNA-SE A NÓS PARA ESTA CELEBRAÇÃO DA VIDA, QUE HOJE COLOCAMOS EM SUAS MÃOS. SEJA BEM-VINDA!

O pai invoca o Deus, dizendo:

Deus Cornudo, primeiro consagrado da Grande Mãe, filho daquela que nos criou, esteja conosco neste Wiccaning trazendo a sua alegria. Esteja em nosso ritual, una-se a nós para esta celebração da vida, que hoje colocamos em suas mãos e nas mãos da Deusa. Seja bem-vindo!

A mãe volta-se para os convidados e diz:

Nós nos reunimos hoje, neste Círculo de amigos, para darmos as boas-vindas ao nosso amado filho. A promessa da Deusa se cumpriu e hoje amamos, reconhecemos e relembramos um dos nossos que voltou. Abençoado seja!

O pai diz:

O espírito dele é um com o nosso agora, pois ele desejou voltar a este tempo e lugar, entre aqueles que podem amá-lo e aceitá-lo como ele é. Que ele seja abençoado pelo nosso amor, que agora compartilhamos.

A mãe diz:

Muitos são os caminhos e todos eles são dignos. Por esse motivo, em nossa religião não comprometemos nossos filhos com nossas crenças enquanto eles não podem decidir por si sós aquilo que é melhor. Assim, pedimos aos nossos Deuses, que conhecem todos os Mistérios e pertencem a todos os caminhos, que abençoem e protejam nossas amadas crianças durante sua infância, até que possam decidir qual caminho seguir, em alegria e verdade.

O pai diz:

Pedimos também que os elementos da natureza, que sustentam toda a vida, possam abençoá-las e guiá-las.

A Mãe eleva a criança no norte, dizendo:

Terra, que nos dá a estabilidade, firmeza e equilíbrio. Pedimos suas bênçãos e proteção a esta criança. Que você possa guiá-la e ampará-la durante sua infância e vida. Blessed be!

O pai eleva a criança no Leste e diz:

Ar, que nos dá o intelecto, conhecimento e sabedoria. Pedimos suas bênçãos e proteção a esta criança. Que você possa guiá-la e ampará-la durante sua infância e vida. Blessed be!

O pai eleva a criança no Sul e diz:

Fogo, que nos dá a energia, força e crescimento. Pedimos suas bênçãos e proteção a esta criança. Que você possa guiá-la e ampará-la durante sua infância e vida. Blessed be!

A mãe eleva a criança no Oeste e diz:

Água, que nos dá o amor, a cura e a limpeza. Pedimos suas bênçãos e proteção a esta criança. Que você possa guiá-la e ampará-la durante sua infância e vida. Blessed be!

Os pais entregam o bebê nas mãos dos padrinhos. Enquanto isso, um dos pais diz:

Os Deuses vigiarão nossa criança.
Da mesma forma que confiamos nos Deuses, também confiamos em vocês para auxiliar em seu ensino e dividir conosco esta responsabilidade.
Que possamos dar o nosso melhor a ela, ensinando-a a reconhecer a alegria e o prazer da vida.

Que possamos dar um lar, amor, carinho, alimentação e ensiná-la a lidar com as diferenças, a solucionar as contendas com moderação, para que ela se sinta segura e amada.
Que possamos respeitá-la como um indivíduo, pois ela é única.
Que possamos ouvi-la de forma justa, tendo paciência enquanto ela pergunta para aprender.
Que possamos dar a ela sempre novos horizontes e desafios para o seu crescimento.
Que assim seja!

Os pais entregam a criança aos convidados. A criança passa pelo colo de todos os presentes, enquanto isso um dos pais diz:

Não só os pais e os padrinhos possuem suas responsabilidades, mas a comunidade onde a criança vive também é responsável por ela. A comunidade na qual a criança vive é sua família. Sem a presença daqueles que a amam, nossos filhos jamais poderão crescer fortes e em harmonia. Que todos vocês possam ser o porto seguro de nosso filho, seu clã, sua família, sua vida. Que assim seja!

A mãe mistura sal na água que está no centro do altar, respinga um pouco sobre a cabeça da criança e diz:

A Deusa, o Deus e os Espíritos dos Elementos a reconheceram.
Você é bem-vindo entre nós, pequenino.
Que a água, o início do mundo e da vida, possa te abençoar, limpando o seu caminho para que você brilhe neste mundo como (dizer o Nome Pagão da criança).

Uma pequena onda para sua forma
Uma pequena onda para sua voz
Uma pequena onda para sua fala
Uma pequena onda para suas maneiras
Uma pequena onda para sua generosidade
Uma pequena onda para seu apetite

UMA PEQUENA ONDA PARA SUA RIQUEZA
UMA PEQUENA ONDA PARA SUA VIDA
UMA PEQUENA ONDA PARA SUA SAÚDE
ONDAS NOVAS DE DONS SOBRE VOCÊ.
ONDAS QUE DOAM CURA.
SEJA BEM-VINDO ENTRE NÓS, (DIZER O NOME PAGÃO DA CRIANÇA)!
QUE ASSIM SEJA!

A mãe abençoa a comida e o vinho com o seu bastão, dizendo:

A DEUSA, QUE É A MÃE DE TODA A VIDA, NOS ABENÇOA COM ESTA COMIDA, SÍMBOLO DE SUA GENEROSIDADE, ABUNDÂNCIA E COMPAIXÃO.
E, COMPARTILHANDO DESTE ALIMENTO, NÓS REAFIRMAMOS NOSSOS LAÇOS DE AMOR E IRMANDADE. BLESSED BE![6]

As comidas são passadas para os participantes, assim como as bebidas.

O ritual fica aberto para uma parte informal, com conversas e descontração, enquanto as comidas são compartilhadas.

Em seguida todos os presentes dão as mãos ao redor do Círculo. A Mãe então caminha em sentido anti-horário por 3 vezes com o seu Athame[7] ao redor do Círculo, dizendo:

TERRA, ÁGUA, FOGO E AR, AGRADECEMOS SUA PRESENÇA. NÓS AGRADECEMOS A DEUSA E AO DEUS QUE AQUI ESTIVERAM CONOSCO. SIGAM EM PAZ. O CÍRCULO ESTÁ ABERTO MAIS NÃO ROMPIDO. BLESSED BE!

---

6 Blessed Be significa literalmente "abençoado seja". É a forma de bênção mais utilizada entre os Wiccanianos para finalizar um desejo ou frase de poder.

7 Um dos cinco Instrumentos Mágicos da Wicca geralmente dispostos sobre um altar tradicional. Os outros quatro são o Pentáculo, Bastão, Cálice e o Caldeirão.

Pequenos Pagãos, o Futuro da Arte

Conforme a Wicca vem avança, muitas crianças estão nascendo em famílias Pagãs e tendo suas bases religiosas e sociais fundamentadas no Paganismo.

Hoje temos uma nova geração de pequenos Bruxos que estão caminhando à vida adulta com uma consciência e realidade religiosa totalmente diferentes daquela que muitos de nós recebemos quando crianças.

Um dos melhores aspectos da Arte é a possibilidade que temos de partilhar nossas práticas, nossos feitos e religião com as crianças de nossa família.

O Paganismo contribui substancialmente com seus valores e atitudes em prol da natureza, e isso é um aspecto favorável para a instrução de uma criança em tempos modernos.

Os pais Pagãos criam seus filhos com consciência e amor a tudo. Os ensinamentos transmitidos a uma criança Pagã não devem ser unicamente religiosos. Estão incluídos em suas bases fundamentais o sentido de responsabilidade, prestabilidade e amabilidade.

O racismo, preconceito, fanatismo e intolerância não são tolerados em uma casa Wiccaniana. Eles são contra a natureza e contra as nossas crenças e práticas.

Centramos nosso modo de vida no que acreditamos e fazemos, já que a Bruxaria é uma religião não só de pensamentos e ideais, mas também de ação.

Criar um filho dentro da religiosidade Pagã nem sempre é tarefa fácil em nossa sociedade atual e, muitas vezes, nos deparamos com pessoas que são contra isso e que nos perguntam: por que deveríamos ensinar às nossas crianças os caminhos de vida Pagã?

As respostas são tão amplas quanto evidentes.

Quando ensinamos nossa religião às nossas crianças, lhes damos exemplos claros de liberdade e tolerância.

Acima de tudo, a Wicca encoraja a responsabilidade social e ambiental, e ensinar a uma criança fundamentos como não fazer mal a ninguém, o respeito ao seu próprio corpo, ao de outras pessoas, e celebrar as diferenças entre os indivíduos só poderá fazer dela um futuro adulto que respeite a vida e entenda a noção de sacralidade da mesma.

Além disso, a aplicação da noção de autorrespeito em crianças faz com que elas não só aprendam a respeitar as diferenças entre pessoas, mas exaltar essas mesmas diferenças, entendendo o significado da diversidade cultural e a tolerância religiosa. Informações básicas providas enquanto pequena oferecerão uma base firme quando sua criança estiver pronta para seguir seu próprio caminho. A Wicca proporciona uma sensação de santidade da vida e da acessibilidade ao Divino e ensina a celebrar as diferenças que nos separam como indivíduos, em lugar de usá-las para discriminar outros.

Um Pagão sempre cria seus filhos com liberdade e consciência, sabendo que eles têm o direito de fazer suas próprias escolhas. Um pai Pagão deve permanecer atento a este fato durante o tempo de responsabilidade pelo bem-estar da criança e de sua instrução. Esperançosamente, a instrução de uma criança nos modos de vida Pagã irá ensiná-la a fazer escolhas responsáveis, inteligentes e educadas em sua vida. Esta instrução serve como uma forma de demonstrar que, mesmo se elas procurarem por caminhos diferentes, terão nosso amor e apoio. Nós podemos lhes ensinar o amor, respeito, reverência pela natureza e tolerância a todas as pessoas. Elas aprenderão a questionar, buscar, suportar e entender as coisas nas quais acreditam.

Nunca devemos esquecer que crianças aprendem por exemplos. Elas aprendem muito mais assistindo ao que fazemos do que ao que dizemos. Podemos ensinar muito mais às crianças através de nossas ações do que apenas por palavras. Como pai Pagão, lembre-se sempre de começar sendo, acima de tudo, um bom pai. Eduque com carinho, respeite o espaço delas e valorize sua individualidade. Reforce sempre que, embora cada um trilhe seu próprio caminho, todos compartilhamos este mesmo planeta — por isso, é essencial aprender a respeitar as diferenças e viver em harmonia.

Muitos pais Pagãos perguntam qual o melhor momento para transmitir os conhecimentos mágicos da Religião Antiga aos seus filhos e quando começar a treiná-los nos métodos de magia.

Qualquer criança que tenha luminosidade suficiente para fazer uma pergunta inteligente merece uma resposta semelhante. O simples responder de uma questão, não um curso inteiro de filosofia religiosa, é o primeiro passo para começar a educação consciente de um pequeno Pagão.

Crianças geralmente fazem perguntas para as quais elas precisam de respostas. Elas têm a misteriosa habilidade de decidir qual o tempo certo de começar o seu caminho espiritual. Elas não notam os artigos que têm ao redor de sua casa, a menos que estes artigos as atraiam e, quando perceberem seus Instrumentos Mágicos, é a hora ideal para explicar seu uso e significados.

Celebrações, atividades de Círculo, Sabbats, festivais e reuniões de Coven são exemplos adicionais de lugares onde podemos instruir nossas crianças. Podemos ensiná-las em qualquer lugar, contanto que nós as ensinemos com carinho. Sempre devemos ter certeza de que não estamos dando mais informações do que elas são capazes de absorver, baseado na idade e maturidade da criança individualmente.

Deixe sua criança o guiar, respondendo simplesmente às perguntas que ela lhe fizer. Uma criança que pergunta por que acendemos velas verdes não quer um curso de rituais de velas, ela quer uma resposta simples à pergunta feita.

Elas devem ser criadas com a sensação de que a Magia é natural, faz parte do universo e que é a fonte de poder pessoal através da qual nós controlamos nossa vida e, sendo assim, nos tornamos mais ainda responsáveis por ela.

Para você que é um pai Pagão, torne a vida de seu filho uma vida mágica, discutindo sobre a natureza, dando a ele a possibilidade de possuir um altar pessoal e discutindo as interpretações dos Mitos sagrados de nossa religião. Cante, dance, faça danças espirais com ele e seus amigos, celebre a vida demonstrando que a Deusa aprova todas as manifestações de alegria. Ensine-o a sentir o pulsar da Terra, a receber a energia das árvores, a entender o canto dos pássaros e as direções dos ventos. Ensine a ele os cânticos sagrados de nossa religião e celebre o seu aniversário com danças, rituais e cantos em homenagem aos Deuses e aos Ancestrais. Ensine-o a viver em unidade e em integração com a natureza, honrando sua família e amigos.

E o mais importante: esteja com o seu filho, pois o maior e melhor presente mágico que você pode dar a ele é o seu tempo, carinho e atenção. Jamais se esqueça de que o amor é a fonte da Magia!

CAPÍTULO 4

Ritos de Transição

medo de voltar pra casa
medo de sair de casa
e encontrar tudo no mesmo lugar
medo de abrir os olhos
medo de fechar os olhos
e enxergar o que não quer nem imaginar
? quanto tempo faz ? uma semana atrás?
no topo do mundo, na crista da onda
numa euforia de se estranhar
! pouco tempo faz ! uma semana atrás!
no topo do mundo, na crista da onda
um mergulho em busca de ar
tudo mudou, ela acordou
estava onde nunca quis estar
livre para ir e vir
para ficar onde está
outro modo de ver a queda
livre como sempre quis
livre como nunca imaginou
outro modo de ver o muro desabar
? quanto tempo faz ? uma semana atrás ?
no topo do mundo, na crista da onda
numa euforia de se estranhar
! pouco tempo faz ! uma semana atrás !
no topo do mundo, na crista da onda
um mergulho em busca de ar
tudo mudou, ela acordou
estava onde nunca quis estar
ela mudou, tudo acabou
ela está pronta pra recomeçar

Engenheiros do Hawaii

Os Ritos de Passagem que marcam a travessia pela adolescência e entrada na puberdade são chamados Ritos de Transição.

Nos tempos ancestrais, a primeira caça de um homem ou sua primeira batalha e a primeira menstruação de uma mulher demarcavam sua entrada na fase adulta.

Os Ritos de Transição talvez sejam os mais importantes, mas, infelizmente, podemos perceber como eles têm perdido o seu impacto na sociedade moderna e na vida de nossos jovens em geral.

A adolescência pode ser considerada um período da vida em que sofremos as maiores e mais transformadoras mudanças a nível físico, mental, social e espiritual, pois é seguramente a parte mais transitória da vida de um ser. A retomada dos Ritos de Passagem na Wicca tem a função de facilitar essas mudanças e os desafios com elas advindos.

Durante a transição da adolescência para a fase adulta, é o momento de auxiliarmos nossos jovens a identificarem suas próprias necessidades, de maneira que eles assumam responsabilidade sobre seus atos, entendendo que todas as escolhas pessoais que fazemos em nossa vida são honradas e dignas, mas possuem consequências. Desde que não prejudiquem outros, elas devem ser celebradas e devemos nos orgulhar delas. Este ciclo também traz importantes ensinamentos e desperta visões sobre o tipo de comunidade que queremos para nós, as mudanças para tornar o sonho de um mundo ideal em realidade e o que cada jovem deve e pode fazer individualmente para ser um fator de mudança positiva não só no seu mundo particular, mas no mundo ao seu redor.

Muitos dos jovens são completamente alienados sobre a realidade do mundo em que vivem e estão pouco preocupados com a sua responsabilidade pessoal na esfera social e familiar. O retorno à celebração dos Ritos de Passagem pode favorecer a conscientização dos jovens e, consequentemente, a formação de uma sociedade mais responsável e equilibrada.

Muitos dos nossos jovens permanecem indiferentes a respeito de sua responsabilidade pessoal perante sua comunidade, e os Ritos de Transição devem servir para que eles possam avaliar qual a razão de sua indiferença. Por que eles crescem sem compreender seu papel e responsabilidade neste mundo? O que faz um jovem crescer sem identidade e personalidade bem definidas e resolvidas? Quais são suas verdadeiras escolhas e desejos para si e para sua vida? Qual o impacto da sociedade e dos valores sociais vigentes em relação às escolhas, noção de mundo, ética e conceitos morais dele?

Para que eles possam compreender tudo isso, será necessário entender o seu próprio processo de crescimento e como sua personalidade é forjada durante a transição da infância para a puberdade e fase adulta.

As mudanças mais profundas em uma criança começam a ocorrer por volta dos 10 aos 12 anos de idade, fase esta que chamamos de pubescência, e entre os 12 e 16 anos, fase chamada de puberdade. Estes dois períodos podem ser considerados uma transformação natural da criança para a fase adulta, onde ela não só sofrerá transformações físicas, quanto mentais. É nessa fase da vida que a criança também desenvolverá sua identidade sexual e passará a querer se tornar independente de seus pais, causando muitas vezes grandes conflitos em uma família que não esteja preparada para esta transição ou que desconheça este processo.

Assim sendo, este período traz transformações significativas não só para o jovem, mas também para a família dele. Uma família despreparada e inapta para lidar com esta situação pode, muitas vezes, prejudicar a evolução natural do ciclo da pubescência e puberdade, atrapalhando a transição de um jovem por este período em vez de auxiliá-lo a transitar por ele com tranquilidade e ampla compreensão do que esta fase da vida significa. A puberdade traz o desejo de grande liberdade por parte dos jovens, e muitos pais, com medo de que seus filhos façam as escolhas erradas, podem fazê-los sentir-se oprimidos e sem a independência que eles tanto anseiam. É aí que os problemas começam a ocorrer.

É comum os jovens passarem a achar que a própria sociedade começa a tratá-los de forma diferente durante esta fase da vida, uma vez que eles estão se desenvolvendo interna e externamente como adultos sexuais. Muitas famílias encontram certa dificuldade para falar abertamente sobre este tema e sobre o que cada um sente, já que a maioria de nós foi criada de maneira a acreditar que o sexo é sujo, pecaminoso, algo do qual deveríamos nos envergonhar. Estes são conceitos que foram programados em nós pela nossa criação e são reforçados diariamente pela sociedade, que retira seus valores das religiões dominantes.

O medo que assombra os pais e mães de falarem abertamente sobre sexo com seus filhos inclui a possível revelação de uma opção sexual indesejada e rejeitada pela sociedade. Como Pagãos, devemos falar abertamente com nossos filhos e jovens sobre sexo e apoiá-los na dura tarefa da descoberta de sua identidade sexual, fazendo-os sentir-se amados, seja qual for sua escolha.

Não existem respostas corretas acerca de como os pais devem lidar com tais situações. No entanto, a rejeição massiva aos jovens e a superexposição da imagem do adolescente na mídia como vândalos ligados aos crimes, drogas, anarquia e violência só servem para fazê-los sentir ainda mais fragilizados neste momento de crescimento. A realização dos Ritos de Passagem no período da puberdade serve como uma ferramenta de apoio para que a energia de independência dos jovens não seja canalizada negativamente e erroneamente, e sim para o seu desenvolvimento pessoal. As afirmações de que drogas, prostituição e crimes estão ligados à adolescência não são verdadeiras. Elas são verdadeiras se a transição pela adolescência ocorrer de forma equivocada. Quando um adolescente não se sente seguro e amado em sua própria família, ele muitas vezes vai buscar apoio nas mãos e palavras de pessoas erradas. A adolescência está relacionada, antes de mais nada, ao desenvolvimento da independência dos pais e ao aprendizado através da tentativa, do erro e acerto.

Muitos podem ser os Ritos de Passagem incluídos para celebrar a vida de um jovem, indo desde o primeiro namoro ao primeiro emprego, até a entrada no exército, retirada da carteira de motorista ou a primeira relação sexual. Quanto mais suporte dermos aos nossos jovens através dos Ritos de Passagem, mais eles se sentirão aceitos e se tornarão aptos a ocupar seu lugar na sociedade, aceitar suas posições e responsabilidades frente ao mundo como adultos.

O sentimento de permanecer como criança até os 18 anos deixou de ser verdadeiro há muito tempo. Hoje, muitos jovens começam a trabalhar aos 16 anos de idade. Deste período até a fase em que completam 18 anos, talvez seja a parte mais confusa e obscura de sua vida, pois eles são permitidos a fazer algumas coisas do mundo dos adultos e outras não. Isso gera conflitos internos que se expressam externamente. A ritualização desta transição é uma forma efetiva de amenizar seu impacto.

Os Ritos de Passagem não são somente importantes para os adolescentes, mas também para sua família, uma vez que demonstram aos pais e parentes que a criança está se tornando adulta. Estes momentos são perfeitos para transmitir ensinamentos que o jovem levará para sua vida adulta e explicar por que, a partir daquele ponto, eles serão tratados de maneira diferente e o porquê disso.

Os males da sociedade moderna residem nos valores artificiais que nos foram impostos durante séculos, como a renegação do prazer sexual e do nosso orgulho, dentre muitos outros. Tais valores não fazem parte do ideal Pagão, que visa unicamente à fundação de um caráter baseado na alegria e satisfação, com responsabilidade e respeito aos semelhantes. Quando um jovem desenvolve seu senso pessoal de responsabilidade, ele naturalmente irá respeitar os direitos e a vida de outros, bem como a sua própria.

Muitos dos Ritos de Transição que podem ajudar os jovens nessa tarefa foram esquecidos, pois deixaram de ser praticados há muito. Hoje é necessário fazer uma releitura dessas celebrações milenares, buscando inspiração na essência dos antigos ritos e os adaptando à vida moderna. Estamos novamente reconhecendo a importância deles e, em contrapartida, voltando nossa atenção para a criação e recriação dessas cerimônias, para fortalecer nossa juventude e dar a eles suporte e apoio pessoal e espiritual através desses rituais.

Rituais de Passagem na vida dos adolescentes possuem vários propósitos. Eles guiam, ensinam, celebram e marcam a passagem de um estágio para outro. Por isso, muitas vezes, os Ritos de Passagem são chamados conjuntamente de Roda da Vida, pois, como a Roda do Ano, celebram as estações do viver.

CAPÍTULO 5

Menarca, a Chegada do Primeiro Sangue

Sangue da vida,
Com a lua crescente, meu corpo o faz.
Sangue da vida,
Com a minguante, a terra o cultiva.

Chegou o tempo de a mulher
abandonar sua vergonha.
O sangue que derramamos é sagrado —
uma honra que restaura.
Celebremos nosso dom, o poder de criar,
O milagre da vida humana,
consumado pelo amor.

Sangue da vida,
Com a lua crescente, meu corpo o faz.
Sangue da vida,
Com a minguante, a terra o cultiva.

Sangue da vida,
Sangue de sabedoria, como o
chamam os anciãos.

Sangue da vida,
Presente sagrado — vamos celebrá-lo.

Honre seu ritmo, siga o fluxo.
Ame sua criação. Aprenda a deixar ir.
Honre a noite escura, honre o dia, honre seu
corpo — ele conhece os caminhos.

Nosso tempo de sangrar cura; é
tempo de deixar ir,
Relaxar no feminino, seguir com o fluxo.
Não é necessário compreender como a noite
se transforma em dia.
A alquimia está dentro de você — seu corpo
conhece os caminhos.

Eu sou mulher — mulher que flui com a lua,
Mulher que sangra para dar vida.
Eu honro meu sangue.
Eu sou a mulher sagrada.
Eu sou a mulher que muda.

Por Laura-Doe Harris, 1995

Em muitas culturas antigas, a primeira menstruação de uma garota, a menarca, era marcada com um rito de passagem especial. Isto era uma forma de iniciação que introduzia a garota na vida adulta, ensinando-lhe valores e mistérios próprios dessa nova condição de vida. Rituais como esses foram celebrados entre povos tão distantes quanto os africanos, havaianos, celtas e nativos americanos.

Muitas são as tradições mágicas ligadas à menstruação da mulher e ao seu ciclo.

No Egito, os faraós faziam elixires mágicos com o sangue menstrual para aumentar seus poderes espirituais e magnetismo. Os gregos misturavam o sangue menstrual de uma mulher nas sementes que seriam plantadas, pois acreditavam que isso aumentava a fertilidade do solo e a possibilidade de obter uma colheita farta. Muitas também são as lendas que nos falam da criação do mundo por meio do sangue menstrual da Deusa.

Diversos povos antigos construíam templos especiais dedicados à reclusão das mulheres durante sua menstruação, pois acreditavam que a mulher possuía poderes mágicos incríveis durante essa fase. As mulheres também eram altamente honradas durante seu período menstrual e recebiam privilégios. Entre os nativos americanos, a mulher menstruada saía à noite para caminhar nua entre os campos quando as sementes estavam crescendo. Isso afastava insetos e pragas.

Para algumas culturas ancestrais, a menarca era vista como um momento de vulnerabilidade, e o rito de passagem que a envolvia era considerado uma forma mágica e sagrada de auxiliar a nova mulher a prevenir uma fecundação por meio do contato com o sol ou a lua. Com isso, ela também era retirada do convívio com os homens, pois só às mulheres era permitida a participação nesse ritual especial.

Assim, a garota era entregue novamente ao poder feminino manifestado por meio das mulheres que celebrariam com ela essa importante passagem de sua vida. Separada do resto da tribo e daqueles que não eram detentores dos Mistérios Femininos, ela era confinada em um local devidamente preparado e retornava simbolicamente à escuridão do útero, o início de tudo, para renascer mais plena e forte como uma nova mulher, detentora dos conhecimentos e da sabedoria dos Mistérios do Sangue, responsável por toda a vida. As cerimônias que envolvem os Mistérios do Sangue eram utilizadas para demonstrar a transformação da garota em mulher aos olhos de seu clã ou tribo. A palavra "mistério" pode ser entendida como aquilo que pulsa ao nosso redor e está além do entendimento, só podendo ser sentido quando vivido, experienciado. Os Mistérios do Sangue referem-se aos eventos biológicos que ocorrem no corpo da mulher e que envolvem sua menarca e menopausa.

Os Mistérios do Sangue sempre estiveram associados aos poderes mágicos da mulher. Antes dos avanços científicos e do entendimento biológico da menstruação, o ciclo mensal era visto como algo mágico, pois representava a capacidade que a mulher tinha de sangrar sem adoecer. Como para os povos primitivos o sangue estava diretamente ligado à vida e à morte, o fato de as mulheres sangrarem mensalmente sem ter sua saúde prejudicada era motivo de espanto e reafirmava o poder da mulher, o qual todos honravam. Como ainda os processos de concepção não haviam sido descobertos, a gravidez era vista como a capacidade da mulher de se autofertilizar, transformando seu sangue em nova vida.

Até a supremacia patriarcal imperar, os corpos e ventres das mulheres eram o templo sagrado da vida. Com a chegada das religiões patrilineares, a mulher passou a ser considerada a origem do pecado original e de todos os males da vida. A partir daí, sua menstruação, a origem de seu poder espiritual, também passou a ser considerada algo pecaminoso, o qual deveria ser evitado. O corpo da mulher passou a ser propriedade dos homens. Mulheres em todo o mundo sofrem até hoje o impacto dessa mudança histórica.

A partir daí, a menstruação passou a ser cercada por diversos tabus. A própria Bíblia impõe vários preceitos que devem ser seguidos pela mulher que menstruar ou por aqueles que tiverem contato com ela durante seu ciclo: a mulher que estivesse menstruando deveria permanecer intocada por um ciclo de sete dias; qualquer pessoa que a tocasse era considerada impura; tudo o que ela tocasse durante seu período menstrual deveria ser limpo e purificado; quem se deitasse sobre a mesma cama que uma mulher menstruada deveria se purificar lavando suas roupas e seria considerado impuro durante um período de 24 horas.

Para compreendermos isso, devemos entender que a menstruação da mulher era vista como a fonte de seu poder mágico e espiritual. Assim sendo, tudo o que é sagrado se torna um tabu, e o que se transforma em tabu, com o tempo, é esquecido e deixado de lado. A menstruação da mulher era o mais sagrado dos Mistérios. Esse ciclo a ligava à Deusa, simbolizada pela Lua, e, como Ela, a mulher passava por transformações aproximadamente a cada 28 dias.

Podemos ainda buscar as origens da palavra "menstruação" na raiz grega *men*, que significa "mês", e menus, que tanto significa lua quanto poder. Em muitas línguas, a palavra usada para se referir à lua e à menstruação é a mesma. Em sânscrito, a raiz da palavra menstruação está em *menses*, que pode ser traduzida como "ritual", o que comprova a ligação da menstruação com algo sagrado ou divino.

Se anteriormente a menstruação era tida como sagrada, hoje garotas são ensinadas a esconder suas menstruações. Muitas sequer entendem o que está acontecendo quando menstruam pela primeira vez.

Ritos de passagem que celebram as transições femininas tornam possível às mulheres reavaliarem como internalizaram esses fatos, como essa mudança histórica afeta suas vidas, o quanto sua autoestima e autoconfiança foram negadas para diminuírem seu poder de decisão e discernimento. O patriarcado e seu legado são a origem de a mulher se sentir desconectada de seu próprio corpo. Resgatar a celebração de ritos que honrem os Mistérios do Sangue permite às mulheres medirem as perdas e danos provocados pela falta de percepção de ser e se sentir mulher, e restaurar a Deusa existente em cada uma delas.

Quando uma garota passa da infância para a puberdade, ela está vivenciando a face da Deusa como Donzela e descobrindo suas potencialidades individuais criativas.

Este é um momento enriquecedor de aprendizado, no qual ela vai desenvolver suas habilidades para construir uma carreira sólida e feliz, experimentar a complexidade dos relacionamentos, desenvolver uma relação mágica e intuitiva com o seu corpo etc.

A nova geração de mulheres que será criada no interior da cultura da Deusa talvez seja a primeira a ser instruída com novos e revolucionários valores desde o tempo em que a cultura da Deusa foi eliminada e suprimida.

A transição da mulher para a fase adulta inclui o período de exploração do prazer. Isso não quer dizer que esse ciclo de transformações deva ser vivido como um tempo de sexualidade ilimitada, mas sim como um momento de aprender sobre o cuidado consigo mesma, a autoestima e o respeito pelo próprio corpo. A cultura da Deusa ensina que a mulher é dona de seu próprio corpo e, sem os conceitos patriarcais de que a mulher é propriedade do homem, a adolescente poderá descobrir, no auge de sua juventude, que ela é livre para experimentar a vida em sua plenitude, sem medos, proibições, respeitando seus próprios limites e todos ao seu redor.

Celebrar novamente os Mistérios do Sangue da mulher torna possível a restauração e resacralização de seu útero, de suas vidas, permitindo que as mulheres se sintam novamente donas de seu corpo e possam viver seus ciclos naturais — que incluem menarca, gravidez e menopausa — de forma mais equilibrada e em sua totalidade.

Rituais fornecem uma valorosa fonte de transformação por meio de símbolos e ações que se comunicam profundamente com o subconsciente, tornando possível a cura da psique e da alma humana. Quando um ritual para celebrar as transformações de uma mulher é realizado, passado, presente e futuro, histórias e culturas se interligam e se comunicam. Isso é particularmente especial na celebração da menarca, onde a mulher se liga às suas ancestrais femininas, ao poder do sangue das mulheres de sua família.

À medida que nossa cultura deixa de realizar tais cerimônias, ela reforça os valores patriarcais e a continuidade da retirada e enfraquecimento do poder da mulher. Muitos são os danos psicológicos causados às mulheres por causa da negligência de nossa comunidade em honrar os Mistérios do Sangue da mulher. Isso inclui a noção de vergonha imposta pela sociedade moderna acerca da menstruação, que é vista por muitos como algo sujo, ruim e subjugador, colocando as mulheres numa posição inferior aos homens, ao passo que isso deveria representar o contrário.

Quando a mulher não encontra solo fértil onde possa aprender e honrar esse processo natural de transformação que ocorre em seu corpo, ela pode desenvolver danos psicológicos que acabam por transformar essa transição em uma fase brutal de crises, contestações, problemas emocionais e desencontros internos. Algumas mulheres podem demorar anos para resolver as crises provenientes de uma transição mal resolvida na adolescência; outras nunca sairão delas.

Uma mulher que não é ensinada a honrar a sacralidade de seu corpo e de sua menstruação perde seu orgulho, sua autoestima e confiança. O retorno aos rituais que celebram a menarca e a transição da infância para a fase adulta da mulher, por meio dos Mistérios do Sangue, forma a noção de individualidade, honra e respeito em uma mulher, já que as mulheres não sentem naturalmente vergonha de sua menstruação — são, sim, ensinadas a isso. Quanto mais as mulheres honrarem seus próprios mistérios, a sacralidade de seu próprio corpo, mais a humanidade estará se afastando do caos promovido por séculos de patriarcado, ofuscação e renegação da força e poder feminino.

Um Rito de Menarca ensina as mulheres sobre a sacralidade de seu próprio sangue mensal e sobre os mistérios que o envolvem. Em tais ritos, a garota é ensinada a ver seu sangue como o elixir da vida, sem o qual nada nem ninguém existiria.

O sangue menstrual possibilita à mulher lembrar, todos os meses, que ela é a manifestação da Deusa na Terra, que ela é fértil como a Terra, que ela é a vida que nutre a vida. É o não reconhecimento dessa força e poder que faz a mulher se sentir estranha, fatigada, introspectiva e até mesmo doente durante sua menstruação, pois renegar a importância e sacralidade desse período é renegar a própria Deusa.

Hoje, as mulheres estão novamente se reunindo em grupos para celebrar as menarcas das jovens de suas comunidades espirituais. O primeiro sangue é vital para as religiões baseadas na Terra, como a Wicca.

A mulher que honra seu ciclo mensal passa a ver seu sangue não com vergonha, mas como sagrado — o sangue da cura, o sangue da vida —, percebendo que a cura da vida está no retorno à sabedoria da mulher e da Deusa.

Colar Menstrual

Conforme a adolescência de uma garota vai se aproximando, ela e sua mãe poderão confeccionar itens mágicos que serão utilizados no Rito de Menarca da jovem e que demonstrarão, a ela e à sua comunidade, sua nova posição.

O primeiro objeto mágico que elas poderão confeccionar é um Colar Menstrual, que será presenteado à garota durante seu ritual de menarca. O colar é considerado, há muito tempo, um símbolo de ligação com o Sagrado Feminino e representa o Círculo do Renascimento. Assim, é um utensílio simbólico capaz de ligar a garota não só à Deusa, mas a todas as suas ancestrais femininas que também carregaram e honraram o Poder do Sangue.

O Colar Menstrual servirá como um símbolo desse poder e deverá ser utilizado pela garota, a partir da menarca, a cada ciclo menstrual, durante toda a sua vida. Ele é uma forma de a mulher honrar a força do seu próprio sangue e serve como um sinal social e mágico de que ela se encontra em um momento sagrado, no ápice de seu poder.

Confeccionar um Colar Menstrual, além de ser simples, é uma experiência enriquecedora que fortalecerá os laços entre mãe e filha. O material usado para a confecção são contas vermelhas para colar ou bijuterias e fio de náilon.

A marca da mulher menstruada é o fluir do sangue, e, antigamente, a mulher que estava menstruada era demarcada com um sinal de seu próprio sangue menstrual. Posteriormente, essa prática passou a ser substituída por qualquer peça de roupa ou fita vermelha, além de pinturas com pigmentos da mesma cor feitas no corpo. O sangue e sua cor vermelha estão conectados com o princípio vital da alma e, por isso, aquele que o usa torna-se sagrado. Na cultura ancestral, qualquer coisa vermelha representava algo especial, e até hoje o vermelho é uma cor de alerta. Na cidade de Pompeia, a vila onde os Mistérios de Elêusis eram celebrados, havia pinturas com fundo totalmente vermelho.

A cor vermelha é utilizada no Colar Menstrual não só por sua óbvia ligação com o sangue, mas também porque, na antiguidade, essa era uma cor ligada à nobreza. Podemos ver resquícios dessa tradição até hoje no tapete vermelho que é estendido ao chão para receber alguém com todas as pompas e honras.

Dessa forma, o Colar Menstrual vermelho demonstra a importância da garota e a honrará como rainha nesta nova fase, em que ela se torna fonte da vida.

A medida ideal para o colar é aquela que vai do pescoço ao ventre da garota. Uma das pontas do colar deve conter um coral, jaspe sanguíneo ou cornalina — pedras associadas ao poder do útero e do sangue. Essa será a ponta que deverá ficar posicionada próxima ao ventre da mulher quando ela estiver usando o colar durante seu ciclo mensal, para harmonizar seu ventre. Isso intensificará os poderes mágicos do seu sangue durante o período menstrual, transformando-os em bênçãos, dons e abertura dos canais psíquicos e extrassensoriais.

Ao fiarem o colar, mãe e filha poderão conversar sobre o significado desse ato. A mãe poderá utilizar esse momento para relatar fatos de sua infância à filha, contar histórias de suas ancestrais e transmitir a ela conhecimentos sobre as transformações que ocorrem na mente e no corpo de uma mulher a partir da menarca.

A mãe poderá utilizar a confecção do Colar Menstrual para ensinar à garota cânticos e mitos da Deusa, bem como transmitir conhecimentos sobre alimentos, chás e ervas que a garota poderá utilizar para fortalecê-la ao longo de sua vida durante seu ciclo menstrual.

Consagrado o Colar Menstrual

Uma vez que o Colar Menstrual é um presente dado de mãe para filha, ele deverá ser consagrado magicamente pela progenitora. Isso faz com que o colar se torne portador da herança mágica feminina da família da garota que passará pelo Rito de Menarca.

A mãe deverá consagrar o colar com seu próprio sangue menstrual — o mesmo sangue que gerou sua filha, o sangue que carrega o poder da vida, o mais puro e sagrado dos sangues.

Esse ato pode parecer chocante ao mundo moderno, mas isso se deve ao fato de nossa cultura ser herdeira da histeria e fobia do poder da mulher, propagadas por anos de patriarcado, como já foi mencionado anteriormente. Contudo, o uso do sangue menstrual como fonte de poder e sacralização é um costume ancestral, muito antigo.

Conheça a forma de consagração do Colar Menstrual a seguir:

Materiais Necessários:

- Colar Menstrual
- Sangue de dragão em pó misturado com óleo de sândalo
- Um saquinho de veludo vermelho
- Um pires com o sangue menstrual da mãe
- Altar e seus instrumentos habituais

Procedimento:

A mãe da garota deverá realizar este ritual durante o seu período menstrual, quando ela estará no ápice de seu poder mágico.

A toalha que cobre o altar deverá ser vermelha, e ele deverá conter os instrumentos convencionais e demais utensílios simbólicos que ela julgar necessários para conectá-la com esse importante momento. Deverá haver uma ênfase nas cores vermelhas nas velas e na decoração do altar, pois esta é uma cerimônia ligada aos Mistérios do Sangue.

Se desejar, a mãe poderá realizar a cerimônia em seu próprio Altar Menstrual[8].

O Círculo Mágico é traçado, a mãe volta-se ao norte e então diz:

Deusa, você que é a Terra e a Lua
Eu a chamo, Senhora, pelos seus nomes antigos e esquecidos
Você, cujos seios nutrem a humanidade
Você, cujo ventre concedeu a vida de todos os mundos
Esteja aqui, abençoando este Colar Sagrado, símbolo do Círculo do Renascimento, para que ele seja uma ponte rumo a Ti.
Neste dia, eu peço suas bênçãos sobre este Colar, que será conferido à minha filha (dizer o nome dela) no seu Rito de Menarca.
Que ele possa ser capaz de lembrá-la de sua presença
Que ele possa ser capaz de lembrá-la de suas lições
Que ele seja a chave que abre os caminhos da fertilidade, vida e espiritualidade.
Que, através dele, minha filha não esqueça de Ti
Que, através dele, sua força possa fazer morada em seu espírito
Para que seu conhecimento, sabedoria e amor se expressem através dela.
Assim seja!

A mãe apresenta o colar para os Quadrantes e diz:

Terra, Ar, Fogo e Água
Abençoem este Colar.
Que ele seja a moradia da firmeza da Terra
Da leveza do Ar
Do vigor do Fogo
Da fluidez da Água

---

8 Mais informações sobre o Altar Menstrual encontram-se neste capítulo do livro mais adiante.

A mãe passa agora o óleo de sândalo no colar, desejando bênçãos de amor, saúde e fertilidade para a sua filha. Em seguida, ela unge o Colar com o seu próprio sangue menstrual e então diz:

Fomos criados pela mulher
Somos carne de sua carne
Sangue de seu sangue
E na mulher todos os Mistérios da existência se convergem

O sangue é o poder da criação
O sangue é o transformador da matéria, o revelador
e mantenedor da verdade
O sangue é o doador da vida

Nos Mistérios do Sangue está a Totalidade
Nos Mistérios do Sangue está a força da Verdade
Nos Mistérios do Sangue está a razão da Vida.

Com o poder do sangue da vida, eu abençoo este Colar
Para que ele seja a ponte de minha filha rumo aos poderes
e sabedoria da Grande Mãe

A mãe deixa o Colar Menstrual sobre o altar e então coloca suas mãos em forma de bênção sobre ele. Visualiza uma luz prateada entrando pelo centro de sua cabeça e saindo pelas suas mãos, impregnando-se no Colar. Ela então medita mais uma vez sobre as bênçãos que deseja atrair para sua filha e pede, mais uma vez, com palavras espontâneas, que a Deusa possa abençoá-la através do uso do Colar Menstrual.

O Círculo Mágico é destraçado e o Colar é deixado ao ar livre para tomar a luz da Lua. Ele deverá ser recolhido antes do nascer do Sol e então guardado no saquinho de veludo vermelho até que a garota esteja pronta para usá-lo e reforçar sua consagração com o seu próprio sangue menstrual, que estabelecerá definitivamente sua ligação pessoal com o objeto ritual.

Vaso Menstrual

O ato de alimentar a Terra com o próprio sangue menstrual é uma prática muito antiga, utilizada pelas culturas ancestrais da Deusa como uma oferenda capaz de abençoar e nutrir toda a vida.

Nas culturas baseadas na Terra, era a mulher quem conferia fertilidade ao solo deixando seu sangue menstrual fluir em direção ao chão, enquanto caminhava nua pelos campos, arados e bosques.

O ato de oferecer o sangue menstrual à Terra é uma poderosa ferramenta mágica, capaz de despertar o poder interior da mulher e reconectá-la com a força de sua ancestralidade feminina e natureza.

Quando a mulher presenteia a Terra com o seu sangue, que é sua energia vital, a Terra retribui este ato com bênçãos ilimitadas, devolvendo à mulher sua dignidade, força e poder, despertando paulatinamente a Bruxa que reside em seu interior.

Com o padrão de pensamento moderno e seus valores, não é apropriado que as mulheres saiam por aí nuas para entregarem seu sangue à Terra, e poucos são os lugares isolados da natureza onde isso possa ser feito com segurança e tranquilidade. Assim sendo, este antigo ritual toma uma nova forma com o uso do Vaso Menstrual.

O Vaso Menstrual torna-se então um outro utensílio utilizado para a celebração dos Mistérios do Sangue. Ele é um pequeno vaso de barro com tampa, que será usado durante a vida da mulher para servir de receptáculo de sua oferenda mensal à Terra. O Vaso Menstrual é, na realidade, um acessório auxiliar moderno para que a mulher continue a doar seu sangue para a Terra, adaptando tal preceito à modernidade. Nele, a mulher dissolverá em água o sangue menstrual recolhido em seu absorvente. Esta água deverá ser posteriormente despejada aos pés de uma planta ou árvore na natureza, para que assim a Terra seja novamente nutrida com o sangue da mulher e possa ser curada, abençoando a todos com sua cura.

Durante os meses que antecedem a primeira menstruação de uma garota, ela e sua mãe poderão decorar um vaso de barro com símbolos ligados à Deusa e à fertilidade. Isto é uma forma de personalizar o vaso e também conferir mais poder mágico ainda a ele.

O tempo utilizado para a decoração do utensílio torna-se mais um momento em que mãe e filha podem estreitar ainda mais seus laços. Ele também pode ser utilizado para que a mãe enfatize as responsabilidades da mulher sobre o seu próprio corpo e escolhas.

Alguns símbolos apropriados para a decoração do vaso são demonstrados a seguir:

Triskle: símbolo da Deusa Tríplice como senhora do nascimento, vida e morte. Representa a Donzela, Mãe e Anciã.

Ankh: símbolo egípcio da vida, imortalidade e intercurso sexual. Está ligado ao controle do início e do fim da vida.

Ouroboros: simboliza a continuidade e renovação da vida. Também está ligada ao ciclo de vida, morte e renascimento.

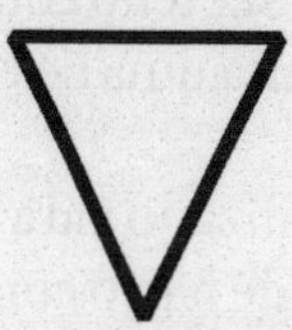

Yoni: símbolo do ventre da Deusa, uma representação universal da criação de toda vida.

Triluna: símbolo sagrado da Deusa em seu aspecto triplo. Representa as 3 fases visíveis da lua no céu, consequentemente está ligada aos ciclos menstruais.

Triquerta: outro importante símbolo da Grande Mãe em seu aspecto tríplice. Também simboliza o domínio da Deusa sobre os 3 mundos reconhecidos pelos celtas: Terra, céus e mares.

Espiral: um símbolo da vida, morte e renascimento.

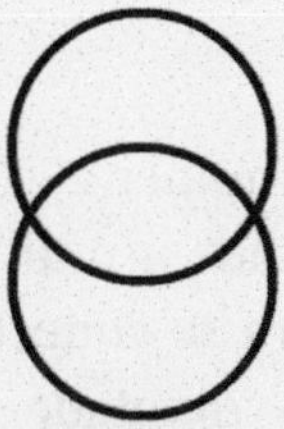

Vesica Piscis: símbolo que representa o útero da Grande Mãe do qual toda vida se origina.

Espelho de Afrodite: um símbolo da Deusa ligado a beleza, reconhecimento da sacralidade do corpo e amor.

Berkana: símbolo rúnico ligado aos aspectos geradores da Deusa como a Senhora da Criação.

Crescente Lunar: símbolo que representa o fluir da Deusa através do Céus.

Não só estes, como quaisquer outros símbolos que mãe e filha julgarem apropriados, podem ser utilizados na decoração do Vaso Menstrual. O importante é deixar a criatividade falar mais alto, para que a decoração do vaso torne-se única e especial.

O vaso deverá ser entregue à garota no dia de sua Menarca, como um presente ritual, junto com o seu Colar Menstrual.

ALTAR MENSTRUAL

O Altar Menstrual é um lugar sagrado, erigido pela mulher a cada menstruação. Ele torna-se um ponto focal de energia, onde a mulher poderá fazer meditações, exercícios e práticas rituais para se conectar com os Mistérios do Sangue e com o Ventre. Ele é sempre montado no primeiro dia de menstruação da mulher e desfeito tão logo o ciclo cesse.

A mãe e a filha poderão começar a coletar e escolher objetos e símbolos para colocar sobre o Altar Menstrual alguns meses antes da Menarca. Assim, quando o primeiro sangue chegar, o altar deverá ser montado para celebrar este importante momento.

Como sempre, a cor tema dos Mistérios do Sangue é o vermelho. Dessa forma, panos e velas que fizerem parte da composição do altar deverão ser nesta tonalidade.

Sobre ele devem ser colocados símbolos ligados ao ventre e aos Mistérios do Sangue. Alguns exemplos incluem:

Serpentes: que simbolizam a energia da mente e a vitalidade corporal. Elas estão ligadas à criação do universo e da Terra. Para muitos povos antigos, a figura da serpente estava intimamente ligada à mulher, pois seus movimentos reproduziam o fluir da vida que corre como um rio, trazendo a fertilidade e a abundância da Mãe Terra. A serpente representa o poder do fogo do sangue, adormecido no ventre da mulher.

Conchas: as conchas, de todas as formas e tamanhos, estão associadas ao oceano primordial, origem de toda a vida, e ao poder fertilizador e germinador da água. Elas representam tanto o mar que alimenta quanto o que devora, a profundeza do inconsciente e tudo o que é cíclico.

Caldeirão e/ou cálice: tido há muito como símbolo do ventre da Deusa. Um símbolo de fertilidade, abundância e renovação. É no interior do caldeirão que a vida nasce e, ao mesmo tempo, se transforma. O caldeirão representa o mundo que a Deusa criou e carrega em seu ventre.

Yoni: um símbolo utilizado para representar a essência da energia feminina, o sagrado feminino e seus atributos. Representa o ventre da Deusa, através do qual a criação é feita.

Ovo: simboliza o nascimento, a vida que se renova e retorna. Muitos são os mitos que falam do surgimento do mundo através de um ovo cósmico que deu origem a toda a vida. Como um símbolo dos Mistérios do Sangue, também pode representar os óvulos e o ciclo de ovulação da mulher.

Vesica Piscis: um símbolo muito antigo da Deusa Mãe como a criadora de tudo, o início do mundo. Seu símbolo representa o embrião e as infinitas possibilidades da água que gera. Expressa a fluidez e constante renovação, a grande força geradora feminina, o princípio de tudo.

Guirlanda de flores: as guirlandas de flores também simbolizam o sagrado feminino, a Deusa e o seu útero. Sua forma circular representa o Círculo do Renascimento.

Pedra furada: outro símbolo ligado ao ventre da Deusa por causa de seu formato e fenda.

Todos esses símbolos, e aqueles mencionados anteriormente na parte referente ao Vaso Menstrual, podem ser parte integrante do altar para celebrar os Mistérios do Sangue.

Uma imagem da Deusa no seu aspecto de Senhora da Fertilidade, como a Vênus de Willendorf ou Vênus de Laussel, também pode fazer parte da decoração do altar. Sobre ele também deverão estar o Vaso e o Colar Menstrual, que será usado no pescoço da mulher logo após ela fazer suas contemplações e meditações para honrar seu ciclo de poder.

Não existe regra para a montagem do altar e cada pessoa pode dar o seu toque de personalidade. O importante é que ele pareça bonito aos olhos de sua dona.

Exercícios e Práticas Para Harmonizar-Se Com o Poder do Sangue

Durante os dias em que a mulher estiver vivendo seu ciclo menstrual, ela deverá se harmonizar com o poder do seu ventre. Isso pode ser feito facilmente não só através da conscientização da sacralidade de sua menstruação, mas também por meio de exercícios que possibilitarão a expansão da consciência da mulher nesta importante ocasião.

Os exercícios a seguir possuem essa finalidade, e as instruções serão dadas sendo direcionadas à segunda pessoa do singular, para uma melhor compreensão das práticas ao serem realizadas.

Resgatando o Poder Feminino

Esta meditação possibilita o encontro com sua ancestralidade feminina, para que você receba a força e sabedoria das Mães do tempo e do mundo.

Você vai precisar de um instrumento de percussão, como um tambor ou um chocalho, para ser tocado enquanto medita. Se desejar, coloque uma música para relaxamento de fundo e então inicie sua meditação.

Respire profundamente por três vezes. Libere sua mente de todos os pensamentos perturbadores que possam atrapalhar sua conexão.

Relaxe seu corpo e mente e então imagine-se no interior de um círculo de mulheres.

Elas podem ser figuras míticas que a inspiram, mentoras, ancestrais, parentes ou amigas que a apoiam hoje.

Observe a cena por algum tempo e compartilhe com elas suas feridas, sonhos. Visualize-se sendo balançada e envolvida por este círculo de poder. Elas acariciam suas feridas, apoiam seus sonhos e recebem todas as suas lágrimas.

Peça a elas conhecimento sobre seu poder e coragem para mudar as coisas. Visualize-as estimulando suas decisões e visões.

Preste atenção, pois elas poderão lhe transmitir seus poderes, ensinando-lhe uma palavra, um símbolo ou uma canção de poder.

Receba os presentes deste útero divino, formado pela presença de todas as mulheres.

Essa meditação deve ser utilizada todas as vezes que julgar necessário resgatar o seu poder pessoal.

Invocação Para a Oferenda Mensal:

Esta invocação pode ser feita todas as vezes em que você estiver fazendo sua oferenda mensal à Terra. Enquanto despeja o conteúdo do seu Vaso Menstrual aos pés de uma árvore ou planta, diga as seguintes palavras:

Salve, Guardiã do útero,
De onde as águas se originam,
Na profundidade das fontes sagradas.

Eu lhe ofereço o meu sangue
Oh Caldeirão borbulhante,
Guardiã da minha tumba,
Senhora que liberta a alma de toda servidão.

Neste sangue, possa haver vida,
Possa haver cura,
Possa haver renascimento.
Possa ele assegurar meu retorno ao seu ventre escuro,
Em beleza e amor.
Que assim seja!

Dançando

A dança eleva poder, cria energia e nos conecta com os fluxos e refluxos internos e externos.

O ato de dançar talvez tenha sido uma das primeiras formas de o homem reverenciar seus Deuses. Muitos movimentos utilizados nas danças rituais reproduzem os fenômenos da natureza, como as ondas do mar, o vendaval, o fluir das águas doces e mansas.

Durante o período menstrual, a garota — e também a mulher adulta — poderá dançar em honra ao seu ciclo, utilizando este ato como uma forma de conexão com os poderes do seu útero.

Adquira um tecido vermelho, leve e delicado, como o voal, para ser seu véu durante a dança.

Coloque uma música de fundo, ou simplesmente cante algo que remeta sua mente à Deusa.

Volte sua atenção para o seu ventre e para o poder do sangue que reside dentro de você.

Enquanto ouve a música, visualize seu ventre brilhando, pleno de energia. Respire algumas vezes profundamente e sinta que o poder da vida flui através de você.

Aos poucos, comece a dançar, procurando harmonizar seus movimentos com o ritmo da música. Não se preocupe em parecer uma bailarina profissional, com movimentos perfeitos e impecáveis. O importante é que eles sejam harmônicos e estejam em sintonia com o ritmo. Dance, sempre prestando atenção na energia do seu ventre, no fogo que vive em seu interior. Veja a luz do seu ventre brilhando cada vez mais forte enquanto dança.

Quando se sentir confiante, pegue o véu vermelho e continue a dançar.

Aos poucos, visualize que a luz do seu ventre sobe pelo seu corpo, percorre seus braços, sai pelas suas mãos e se espalha com a ajuda dos movimentos do véu.

Visualize esta luz caindo sobre você como uma chuva prateada de energia, abençoando-a. Dance na chuva de luz, sinta o poder penetrar seus poros, trazendo força, poder e cura.

Esta é a força do seu sangue, o poder dos Mistérios do Sangue que está à sua disposição para ser utilizado ao que for necessário.

Continue dançando quanto tempo quiser. Ao terminar, aterre[9] a energia e sinta-se plena, completa, total.

---

9 Aterrar é o ato de colocar as mãos no chão enquanto visualiza-se todo excesso de energia sendo enviado para o centro da Terra. Aconselha-se a realização dessa prática ao final de cada ritual.

Pintando Símbolos no Corpo

O seu sangue menstrual carrega força e poder.

Ele pode ser utilizado para consagrar objetos, talismãs e instrumentos mágicos. Assim sendo, ele também pode ser usado para abençoar o seu próprio corpo.

Uma das práticas mágicas mais difundidas entre as mulheres que praticam a Wicca é o ato de desenhar símbolos sagrados nos seus corpos com seu sangue menstrual.

Faça isso como uma forma de fortalecer a si mesma e despertar os poderes mágicos adormecidos em seu interior.

Ao usar seu sangue menstrual para se pintar magicamente, você estará acessando sua memória ancestral e chamando pelo poder de sua ancestralidade feminina para abençoá-la com fertilidade, paz e equilíbrio.

Aproveite esta oportunidade para refletir sobre seus valores, medos e tabus. Pintar o corpo com seu próprio sangue menstrual possibilita à mulher perceber que sua menstruação não é suja, e nem é algo do qual ela deve se envergonhar. Atos mágicos como esse são poderosas fontes para mudanças de paradigmas e verdades irrefutáveis cristalizadas na mente por séculos de programação patriarcal.

Use o seu sangue para libertá-la dos grilhões do patriarcado, com seus muitos pecados e restrições. Uma Bruxa é livre. Use o seu sangue para libertá-la.

Fazendo Sangue da Lua

Sangue da lua é como chamamos o sangue recolhido durante o ciclo menstrual e que depois é seco e reduzido a pó.

Ele é uma fonte de poder e pode ser amplamente utilizado em um feitiço, talismã ou ritual para intensificar a força do encantamento.

Para fazê-lo, basta recolher seu sangue menstrual em um pires ou vidro e deixá-lo secar. O sangue irá se cristalizar e então poderá ser reduzido a pó e guardado em um frasco com tampa para ser usado em momentos apropriados.

Guarde o sangue da lua com cuidado e não o doe a outras pessoas. Ele é a sua essência, parte de sua alma.

Rito de Menarca

Este Rito de Passagem celebra a chegada da primeira menstruação de uma garota. A entrada na fase adulta assinala um tempo em que o indivíduo passa a assumir determinadas responsabilidades. Em nossa sociedade moderna, as responsabilidades associadas a alguém que se torna mulher incluem não só o casamento e a gravidez, mas a entrada na faculdade, a independência profissional e financeira, entre muitas outras.

O Rito de Menarca é a primeira introdução da garota a esta nova e assustadora realidade, que fará com que ela perceba que cresceu, conferindo-lhe então um novo status.

A celebração da Menarca mostra à jovem que sua menstruação é um presente, não um fardo, e que ela poderá contar com aqueles que a amam para atravessar este ciclo e compreendê-lo.

Através do Rito de Menarca, a família, amigas e comunidade de uma mulher podem expressar sua alegria, honra, respeito e apoio para esta nova e importante etapa que se inicia.

Este ritual marca uma importante fase na vida de uma garota, pois é o ponto onde ela passará a ser vista como uma mulher perante a sociedade.

Materiais Necessários:

- Os objetos do Altar Menstrual da garota
- 1 espelho envolto em um pano
- 5 brinquedos ou objetos que representam a infância da garota
- Um pigmento vermelho natural apropriado para a pele
- Uma veste cerimonial ou vestido branco para a garota
- Uma veste cerimonial vermelha para a garota
- Colar e Vaso Menstrual
- 5 véus para serem usados pelas Guardiãs dos Elementos
- Bolos, frutas, sucos e vinhos para o Banquete
- 5 objetos como por exemplo anéis, braceletes, brincos para serem presenteados à garota pelas Guardiãs dos Elementos
- Jasmim e pétalas de rosas
- Velas e rosas vermelhas para o altar
- Instrumentos habituais de altar

MELHOR MOMENTO:

A Lua Crescente ou Nova é o melhor período para a celebração de uma menarca. No entanto, se o primeiro sangue da garota não ocorrer durante este período, é preferível que a cerimônia seja feita tão logo ela menstrue, não importando a Lua.

Se mãe e filha quiserem preparar uma cerimônia com mais tempo, elas poderão realizar o Rito de Passagem na Lua Crescente ou Nova após a menarca. Isso dará tempo a elas para convidar as mulheres da família, amigas, etc.

PREPARAÇÕES PRELIMINARES:

Mãe e filha já devem estar se preparando para este momento há alguns meses, confeccionando o Colar e o Vaso Menstrual.

Três dias antes da cerimônia de menarca ser realizada, a mãe deve aproveitar para conversar com a garota sobre as transformações que ela está vivendo.

Ela também deve pedir à garota cinco artigos ou brinquedos que ela aprecie demasiadamente, explicando-lhe que eles serão oferecidos aos Deuses como um sacrifício e símbolo de sua transição para uma vida adulta.

A Mãe deverá então pedir para que a menina faça um Pentáculo com os artigos. Ela deverá marcar as posições dos objetos de acordo com a correspondência dos elementos[10], já que cada ponta representa um elemento distinto da natureza.

Ela deverá guardar estes artefatos até o dia do ritual, pois a garota deverá entrar no círculo com eles, simbolizando sua ligação com a infância.

O DIA DA CERIMÔNIA

Neste dia, a garota deverá se preparar desde cedo para a cerimônia, fazendo uma alimentação leve, com frutas, água e suco.

Antes do ritual, ela deverá ser banhada por sua mãe com uma infusão feita com jasmim e pétalas de rosas brancas.

Enquanto a mãe dá o banho em sua filha, ela pode cantar uma canção de ninar ou algo que costumava cantar quando a filha era pequena.

A mãe também pode fazer uma declaração espontânea simples que expresse a beleza deste momento, algo como, por exemplo:

10 Maiores informações sobre o Pentáculo e a correspondência de cada uma de suas pontas com os 4 elementos vide Compêndio

O broto da mocidade amadureceu e se transformou no botão da vida. Eu te abençoo e abençoo a flor da feminilidade que se expressa através de você.

Ao terminar seu banho, ela deverá ser vestida com um vestido branco, e a mãe traça então o símbolo do Yoni no centro da testa da jovem com o pigmento vermelho, enquanto diz:

Abençoada seja pelo vermelho da vida, o vermelho do sangue. Seja envolvida pelo amor e força da Deusa.

Os cinco objetos que a menina escolheu utilizar na cerimônia são entregues a ela.

A garota é então conduzida à luz de velas até um quarto escuro, onde será deixada por uma hora ou duas para que possa meditar sobre este momento de transição em sua vida.

Preparação do Círculo

Enquanto a menina permanece confinada no quarto escuro, o local da cerimônia é preparado pela mãe e demais mulheres que participarão da celebração.

O altar que será utilizado deverá ser decorado com os artigos que compõem o Altar Menstrual da garota. O Vaso e o Colar Menstrual dela deverão estar em lugar de destaque no altar.

Cinco mulheres serão escolhidas para representar os elementos da natureza: Terra, Ar, Fogo, Água e Espírito. Elas deverão usar um véu sobre suas faces, para dificultar o reconhecimento pela garota e dar mais impacto à cerimônia.

Cada representante do quadrante deverá portar um objeto — como um colar, anel, bracelete, amuleto, etc. — que será presenteado à garota, para que ela leve consigo a força daquele elemento para sua vida adulta.

Todas as mulheres deverão usar mantos ou roupas vermelhas, para honrar os Mistérios do Sangue. Elas também deverão usar um véu que cubra todo o rosto, de forma que a garota tenha dificuldade em reconhecê-las.

O Ritual

O Círculo é lançado de maneira habitual.

A mãe buscará então sua filha, que deverá estar aguardando no quarto de confinamento. A menina deverá trazer os cinco objetos com ela para o interior do Círculo.

Ao se aproximarem do perímetro do espaço sagrado, a oficiante do ritual toca o sino nove vezes e então um portal[11] é aberto para que elas adentrem no Círculo.

A Oficiante estende sua mão e recebe a garota no interior do Círculo, dizendo:

> A promessa da Deusa se cumpre uma vez mais.
> Há uma entre nós que deseja penetrar os Mistérios da Grande Mãe.
> Você está pronta, pequenina?

A garota responde apropriadamente.

A oficiante volta-se novamente para a garota e diz:

> Lhe foi ensinado sobre os sacrifícios de sua jornada?

A garota diz:

> Sim, minha jornada será longa e ela começa hoje, através deste rito.

A oficiante e a garota dão três voltas ao redor do Círculo de mãos dadas. Na terceira volta, elas param no Norte, em frente à mulher que representa este quadrante. A oficiante diz:

> Guardiã dos Portais do Norte, eu te apresento esta garota que hoje se torna uma mulher. Reconheça-a e a abençoe.

A Guardiã do Norte diz:

> Eu sou o Norte, os ossos da Terra.

---

11 Vide Compêndio para informações sobre abertura de portal no Círculo Mágico.

Eu sou as montanhas, os prados e colinas.
Sou eu quem lhe presentearei com conhecimento.
Com o que você me presenteará?

A garota entrega seu brinquedo à Guardiã do Norte e então diz:

Eu a reconheço, Guardiã do Norte, e agradeço suas bênçãos.
Trago a você este presente como prova de minha vontade de abandonar a infância para entrar na fase adulta.

A Guardiã do Norte mostrará o brinquedo a todo o Círculo e, então, perguntará à garota o que aquele utensílio significa para ela e por quais motivos está presenteando-o ao Norte. A garota dá sua explicação, e o Norte então dá seu presente mágico à garota.

A oficiante continua a caminhada ao redor do Círculo, de mãos dadas com a garota, indo agora em direção ao Leste. Elas param em frente à mulher que representa este quadrante. A Oficiante diz:

Guardiã dos Portais do Leste, eu te apresento esta garota que hoje se torna uma mulher. Reconheça-a e a abençoe.

A Guardiã do Leste diz:

Eu sou o Leste, o sopro da Deusa.
Eu sou sua respiração e o ar que a rodeia.
Sou eu quem lhe presentearei com inteligência.
Com o que você me presenteará?

A garota entrega seu brinquedo à Guardiã do Leste e então diz:

Eu a reconheço, Guardiã do Leste, e agradeço suas bênçãos.
Trago a você este presente como prova de minha vontade de abandonar a infância para entrar na fase adulta.

A Guardiã do Leste mostrará o brinquedo a todo o Círculo e perguntará à garota o que aquele utensílio significa para ela e por quais motivos está presenteando-o ao Leste. A garota dá sua explicação, e o Leste então dá seu presente mágico à garota.

A Oficiante continua a caminhada ao redor do Círculo, de mãos dadas com a garota, indo agora em direção ao Sul. Elas param em frente à mulher que representa este quadrante. A Oficiante diz:

> GUARDIÃ DOS PORTAIS DO SUL, EU TE APRESENTO ESTA GAROTA QUE HOJE SE TORNA UMA MULHER. RECONHEÇA-A E A ABENÇOE.

A Guardiã do Sul diz:

> EU SOU O SUL, O CALOR QUE ARDE DENTRO DE VOCÊ.
> EU SOU O FOGO E A CHAMA QUE FAZ SEU ESPÍRITO BRILHAR.
> SOU EU QUEM LHE PRESENTEAREI COM PAIXÃO.
> COM O QUE VOCÊ ME PRESENTEARÁ?

A garota entrega seu brinquedo à Guardiã do Sul e então diz:

> EU A RECONHEÇO, GUARDIÃ DO SUL, E AGRADEÇO SUAS BÊNÇÃOS.
> TRAGO A VOCÊ ESTE PRESENTE COMO PROVA DE MINHA VONTADE DE ABANDONAR A INFÂNCIA PARA ENTRAR NA FASE ADULTA.

A Guardiã do Sul mostrará o brinquedo a todo o Círculo e perguntará à garota o que aquele utensílio significa para ela e por quais motivos está presenteando-o ao Sul. A garota dá sua explicação, e o Sul então dá seu presente mágico à garota.

A Oficiante continua a caminhada ao redor do Círculo, de mãos dadas com a garota, indo agora em direção ao Oeste. Elas param em frente à mulher que representa este quadrante. A Oficiante diz:

> GUARDIÃ DOS PORTAIS DO OESTE, EU TE APRESENTO ESTA GAROTA QUE HOJE SE TORNA UMA MULHER. RECONHEÇA-A E A ABENÇOE.

A Guardiã do Oeste diz:

Eu sou o Oeste, as águas do ventre da Grande Mãe.
Eu sou os rios e os mares que fluem e trazem vida.
Sou eu quem lhe presentearei com sonhos.
Com o que você me presenteará?

A garota entrega seu brinquedo à Guardiã do Oeste e então diz:

Eu a reconheço, Guardiã do Oeste, e agradeço suas bênçãos. Trago a você este presente como prova de minha vontade de abandonar a infância para entrar na fase adulta.

A Guardiã do Oeste mostrará o brinquedo a todo o Círculo e perguntará à garota o que aquele utensílio significa para ela e por quais motivos está presenteando-o ao Oeste. A garota dá sua explicação, e o Oeste então dá seu presente mágico à garota.

A Oficiante caminha com a garota agora em direção ao centro do Círculo, onde a Guardiã do Espírito aguarda. Elas param em frente à mulher que representa esta posição. A Oficiante diz:

Guardiã dos Portais do Espírito, eu te apresento esta garota que tem viajado através das quatro direções e que está pronta para se tornar uma mulher. Reconheça-a e a abençoe.

A Guardiã do Espírito volta-se à garota e diz:

Isto que foi dito é verdadeiro?

A garota responde apropriadamente.
A Guardiã do Espírito diz:

Saiba que eu sou o Espírito, o centro, o valor central e núcleo da vida que mora dentro de você. Saiba que somente olhando para o seu interior será possível despertar o poder que reside em você. Aqui eu lhe apresento o maior dos Mistérios.

A Guardiã do Espírito desembrulha o espelho e o mostra à garota, fazendo com que ela contemple a sua própria face, e diz:

> VOCÊ É A DEUSA, ELA VIVE EM VOCÊ!
> EU LHE PRESENTEAREI COM OS DONS DA DEUSA E DA MULHER.
> COM O QUE VOCÊ ME PRESENTEARÁ?

A garota olha para a Guardiã do Espírito e diz:

> EU A RECONHEÇO, GUARDIÃ DO ESPÍRITO, E AGRADEÇO SUAS BÊNÇÃOS.
> TRAGO A VOCÊ ESTE PRESENTE COMO PROVA DE MINHA VONTADE DE ABANDONAR A INFÂNCIA PARA ENTRAR NA FASE ADULTA.
> ESTE É O ÚLTIMO SÍMBOLO DE MINHA LIGAÇÃO COM A INFÂNCIA.
> LEVE ESTE PRESENTE COM VOCÊ PARA QUE EU SEJA VERDADEIRAMENTE LIVRE E POSSA HONRAR A DEUSA QUE VIVE EM MIM EM TODA SUA PLENITUDE!

A Oficiante pega a garota pelas mãos e então anda três vezes ao redor do Círculo. Ao fazer isso, todas as mulheres começam a acompanhar as duas, iniciando uma procissão, circulando em volta da Guardiã do Espírito.

Na terceira volta, a Guardiã do Espírito estende sua mão para a garota. A garota entrega a ela seu brinquedo e a Guardiã dá a ela seu presente mágico, dizendo:

> VOCÊ PRESENTEOU A DEUSA E ELA DESEJA LHE RETRIBUIR.
> AGORA VOCÊ SE TRANSFORMA EM MULHER.
> EU LHE DOU ESTE PRESENTE PARA QUE VOCÊ SE LEMBRE DE QUE A DEUSA VIVE EM VOCÊ. TU ÉS A DEUSA.
> MAS LEMBRE-SE: SÓ AQUELES QUE POSSUEM O CORAÇÃO PURO COMO O DA CRIANÇA PODEM ALCANÇAR A DEUSA. ASSIM SENDO, NÃO DEIXE SUA INFÂNCIA SE AFASTAR DE VOCÊ A PONTO DE NÃO CONSEGUIR SORRIR E SONHAR COM A ESPERANÇA DE UM NOVO AMANHÃ.

A mãe se aproxima da garota e então coloca seu Colar Menstrual no pescoço da filha e diz:

> Este é o Círculo do Renascimento.
> Carregando-o nos dias do seu ciclo mensal, você estará carregando parte de mim, ao mesmo tempo em que honra suas ancestrais e a Mãe de Toda a Vida.
> Que ele seja o elo que a une a este Rito e a nós, que hoje o celebramos em sua honra.

Ela agora entrega o Vaso Menstrual à garota, dizendo:

> Siga os ciclos da Lua; ela transformará o seu espírito.
> Reconheça os seus próprios ciclos e saiba que eles são momentos de grande energia e poder.
> Nestes dias, durma onde os raios da Lua puderem te alcançar.
> Caminhe sob a luz da Lua, sinta a alegria e o poder da Mãe penetrar em você.
> Quando a chegada do Sangue da Lua estiver próxima, retire-se para um lugar isolado, nem que seja dentro de você mesma.
> Na escuridão da Lua, ao sangrar, você estará mais próxima da Deusa, e então o véu entre você e o Grande Mistério será elevado, tornando-a receptiva às visões e intuições.
> Honre o seu sangue, assim você estará honrando a vida.

A mãe pega a garota pela mão e então diz:

> Eu apresento a vocês minha filha (dizer o Nome da Arte da garota), uma mulher para nós agora!

Os alimentos são consagrados e o Banquete é realizado.
Histórias sobre a infância são compartilhadas entre as mulheres.
Em seguida, o Círculo é destraçado de modo habitual.

CAPÍTULO 6

Transição Masculina, Preparação Para a Vida

Onde quer que eu vá,
Todos estarão, de certa forma, protegidos, porque lá eu estarei.

Onde quer que eu esteja,
Qualquer pessoa em necessidade terá um amigo.

Todas as vezes em que eu voltar pra casa,
Todos estarão felizes, porque lá eu estarei..

Por Robert L. Humphrey

Durante séculos, foi tarefa dos homens retirar os garotos dos braços de suas mães e ensiná-los aquilo que deveriam fazer para se tornar homens. Os garotos eram ritualmente sequestrados pelos Anciões da tribo e levados para uma área devidamente preparada e acessível somente aos membros masculinos do clã durante os dias de cerimônia. Nestes dias, os garotos tinham seu nome ritualmente retirado e aprendiam a arte da pesca, caça, eram tatuados com símbolos distintivos do seu clã e ancestralidade espiritual e, às vezes, eram até mesmo circuncidados ou escoriados para que sua aparência inicial fosse definitivamente alterada, e eles pudessem emergir deste processo com as marcas distintivas de um homem.

Em tais Ritos, os homens mais velhos, muitas vezes, usavam máscaras e utensílios de modo a camuflar sua aparência para que fossem confundidos com seres mágicos e divinos, geralmente os ancestrais. Para muitas culturas primitivas, a arte de forjar o novo homem que se formava era considerada uma tarefa dos ancestrais míticos. Era dever dos Antigos testar, ensinar e aceitar o garoto no grupo de homens da tribo. Nestes momentos, ele assumia um novo nome ou reafirmava aquele dado anteriormente pelos seus pais.

Assim como ocorre com as meninas, os garotos também possuem Ritos de Passagem que marcam sua transição para a vida adulta.

Os meninos também passam por um momento de profundas transformações no despertar de sua maturidade. Este despertar traz, consequentemente, o momento de celebrar os dons e habilidades, refletir nas formas disponíveis de ele se encaixar na sociedade, de maneira que possa tornar o mundo em que vive num lugar melhor. A adolescência é um momento complicado, perturbador e amedrontador, pois é a fase da vida onde não somos nem adultos nem crianças. Este desenvolvimento, muitas vezes, provoca um afastamento do jovem de sua sociedade e círculo de amizades, pois trata-se de uma fase de reflexões e pensamentos para que o jovem consiga encontrar seu caminho, num momento onde tudo parece novo e pouco familiar.

As separações rituais promovidas pelas culturas primitivas eram uma forma de promover um clima sagrado para que esta reflexão ocorresse. Nossa memória ancestral ainda clama por esta separação, e, quando ela não ocorre, o garoto se encarrega de promovê-la por si só, através das rebeliões tão comuns da adolescência. Ser homem significa muito mais do que passar apenas pelos 13 ou 16 anos. Esta tarefa envolve despertar a coragem para descobrirmos quem somos verdadeiramente, enquanto nossa alma e corpo navegam através desta transição. Este é um dos muitos momentos de nossa jornada onde seremos confrontados com nossa sombra e luz, com as verdades e armadilhas de nossa alma. É neste momento que o jovem deve buscar a sabedoria e ensinamento de seus ancestrais como forma de honrá-los.

A passagem de um garoto para a puberdade é muito mais gradual do que a das meninas e, exatamente por este motivo, é difícil de ser definida. Muito se discute sobre qual o momento ideal para celebrar um ritual de transição masculina. Os primeiros sinais da puberdade de um garoto estão no primeiro desafino de sua voz na mocidade ou quando os pelos de seu rosto começam a engrossar, dando volume à sua futura barba?

O desenvolvimento do tamanho do corpo e o despertar da sexualidade são centrais e demasiadamente importantes na vida de um garoto. O cultivo das amizades, o desenvolvimento de sua força física, o despertar de sua curiosidade intelectual são outros indícios importantes de que o momento de celebrar a sua Transição está se aproximando. Como o garoto não tem sinais claros para convencê-lo de que se tornou um homem, o cumprimento das tarefas propostas nos Ritos de Passagem era uma forma de ele sentir que tinha sido provado e aprovado, passando no teste proposto. Se não passar ritualmente por estas tarefas, provavelmente o garoto irá demorar toda a sua vida tentando provar para si mesmo e aos outros que cresceu, muitas vezes perdendo a sua própria identidade e desenvolvendo uma série de problemas psicológicos em função disso.

O resgate dos Ritos de Passagem é uma maneira efetiva de amenizar e curar traumas e perigos que assolam nossa juventude. Por vivermos numa cultura patriarcal e machista, muito é cobrado dos meninos e, por este motivo, talvez, eles sofram tanto ou mais que as garotas em sua busca interior de autodescoberta.

Estatisticamente falando, os adolescentes do sexo masculino são cinco vezes mais propensos a se suicidarem do que as mulheres; são mais propensos à criminalidade do que as mulheres, em função dos modelos e valores transmitidos pela sociedade atual; mais crimes são cometidos por homens do que por mulheres; aproximadamente 90% dos crimes são cometidos por garotos em seu período de transição; os meninos estão com seu rendimento escolar abaixo do desejável, enquanto as meninas se empenham cada vez mais para se destacarem.

Esses dados refletem as crises pelas quais nossos jovens garotos estão passando enquanto se confrontam com a difícil tarefa de responder à indagação mais importante da alma humana: quem ele é?

A violência exacerbada da juventude, o uso de drogas, os crimes e vandalismo cometidos pelos jovens podem ser claramente compreendidos como um pedido desesperador de ajuda, que nossa cultura não consegue ouvir por causa de sua busca desenfreada por acúmulo de riquezas e total desconexão com a natureza e seus Mistérios. Nossos jovens demonstram, a cada dia, através de suas atitudes, que algo está muito errado e que nossos exemplos de ética, moral e valores não são a maneira mais acertada para criarmos a próxima geração. Cada ato cometido por um jovem contra o livre-arbítrio alheio é uma maneira de ele dizer que nossa cultura não possui um lugar condigno para a juventude, que não há significado e sabedoria transformadora em nossa cultura moderna capaz de incluí-los, que eles não desejam ou concordam com os padrões preestabelecidos, que é necessário haver mudanças.

Talvez o maior desafio desta fase seja fazer com que os adultos ouçam esse clamor e compreendam as origens da confusão na mente dos jovens, que forjarão o mundo do amanhã.

Nossa sociedade perdeu a sabedoria ancestral. A noção ocidental de que a única coisa que uma criança precisa para o seu crescimento saudável é apenas de estudos e uma família não condiz com a realidade. Jovens precisam de uma tribo, de um sentimento de clã, precisam se unir a pessoas que pensam e sentem como eles. Quando não encontram isso no núcleo de suas famílias, vão buscar essa complementaridade do lado de fora, nas gangues, clubes noturnos e guetos.

Poderíamos dizer que, para um jovem crescer saudavelmente, ele precisa de três famílias:

A família de nascimento: que inclui pai, mãe e irmãos
A família escolhida: amigos, professores, mentores
A família estendida: sua comunidade espiritual e cultural

Os garotos começam sua vida sendo carregados pelas suas mães, enquanto seus pais estão física e emocionalmente distantes, sempre preocupados com seu trabalho e pressões financeiras. Assim, os garotos não possuem uma oportunidade para que o homem adulto compartilhe com eles informações sobre quais posturas e atitudes a sociedade aguarda por parte dos jovens.

Nos tempos ancestrais, quando os Mistérios dos Ritos de Passagem eram celebrados no interior das tribos, as regras e atitudes de cada sexo eram bem definidas. As mulheres eram as Sacerdotisas, mantinham a tribo unida, asseguravam a continuidade de sua descendência através do nascimento e transmitiam a cultura e tradições para as futuras gerações. Os homens proviam a segurança da tribo e a subsistência da vida de seu povo e família através da caça.

O poder sobre a caça está diretamente ligado ao Deus Cornífero, considerado filho da Deusa e seu Consorte. Cabia ao homem penetrar nos Mistérios Dele para que pudesse tornar-se seu descendente direto. Desta forma, o homem se tornaria o Deus e poderia se mover como ele por entre as matas, para que sua caçada fosse bem-sucedida. Quando as tribos se tornaram conquistadoras e guerreiras, esta atitude desenvolveu entre os homens práticas distintas das mulheres, voltadas aos Mistérios do Deus e que invocavam seus poderes de sustentação da vida. Ao mesmo tempo, a importância da participação do homem na fecundação começou a ser melhor compreendida, resultando na valorização da figura masculina e do poder do phallus.

As retratações mais antigas do Deus o mostram com um grande Phallus ereto, demonstrando que sua força e virilidade eram também importantes para a continuidade da vida, da mesma forma que a fertilidade da Deusa.

Assim, enquanto as mulheres estavam sintonizadas com a vida e seus processos através dos Mistérios do Sangue e do ventre, os homens tornavam-se detentores dos Mistérios do Deus e do Phallus.

Dessa forma, o Phallus torna-se um símbolo sagrado do Deus e dos Mistérios Masculinos. Para os homens das culturas primitivas, a virilidade não era motivo de mero orgulho, mas estava diretamente ligada com a própria sobrevivência. A perda dos descendentes representava a perda da tribo, do clã e da cultura. O número de descendentes dava ao homem poder em sua tribo, determinava quanta comida poderia ser colhida, caçada e estocada, criando assim as primeiras noções de riqueza e prosperidade. O poder do Phallus passou então a ser adorado pelas culturas que começavam a vislumbrar as noções iniciais do patriarcado. Com isso, o Phallus e sua virilidade se tornaram a forma de medir a importância do homem.

Mesmo com os avanços que o homem moderno tem feito desde os tempos antigos, o Phallus ainda permanece a parte central que faz o homem se sentir verdadeiramente Homem, com H maiúsculo. O Phallus ainda permanece a fonte do prazer, força, orgulho e poder para o homem moderno. No entanto, é o assunto mais delicado e difícil de ser discutido abertamente pelos homens.

Assim, a Transição de um homem envolve, acima de tudo, reflexões profundas sobre sua postura sexual e sexualidade e pode ser um trabalho de difícil elaboração e transformação.

Os garotos do futuro precisam ser educados em muitos aspectos, mas principalmente sobre sua relação com as mulheres. Os homens perderam o senso de como serem verdadeiros quando se relacionam intimamente com as mulheres, em parte porque eles perderam uma sociedade cuja estrutura permite que aprendam como tratá-las adequadamente. Da mesma forma que as mulheres possuem bloqueios para lidar abertamente com a sua menstruação e poder, assim ocorre com os homens quando chega a hora de lidar com o resgate do poder e dignidade do Phallus e se desvincularem definitivamente da forma opressiva como tratam suas parceiras.

A cultura patriarcal baseada no poder do Phallus talvez seja a maior responsável pelos traumas baseados em valores que assolam homens e mulheres, tão frequentes em nossa sociedade, pois foi através da ênfase no poder masculino sobre o feminino, difundida há séculos, que nossa cultura desenvolveu seus preconceitos. Como um reflexo disso, qualquer inabilidade para usar o Phallus é, até hoje, vista pela sociedade e pelo próprio indivíduo como algo que coloca a masculinidade de um homem em questão.

Como o poder do Phallus é baseado na descendência, que confere uma forma de imortalidade e honra, as culturas começaram a desenvolver seus tabus sociais, como, por exemplo, o repúdio à homossexualidade.

O uso do Phallus não somente para a reprodução passou a ser percebido como fraqueza e falta de caráter, uma vez que poderia colocar em risco a continuidade da descendência e sua riqueza.

Este medo foi acentuado pelos sacerdotes das religiões patriarcais, através da masculinização da divindade criadora, tornando o Phallus, o sexo e todas as fontes de prazer na origem do pecado e maldição. Assim, eles passaram a usar este artifício para ganhar poder sobre os homens e controlá-los, pois, se o que dá prazer é vergonhoso, também deve ser reprimido e banido. Cada paixão ou desejo espontâneo tornou-se pecaminoso. Tudo o que era livre precisava ser destruído, incluindo os desejos sexuais, as mulheres e a natureza.

O propósito de celebrar os Mistérios Masculinos através dos Ritos de Passagem é despertar o poder interior do homem, colocando-o em contato direto com o que teme ou se envergonha, para que ele possa resgatar seu orgulho, força e dignidade. Desta forma, o jovem não se sentirá sozinho ou aterrorizado pela jornada de seu autoconhecimento acerca do que verdadeiramente é ser homem. Ele descobrirá que se tornar um homem de verdade não está ligado à sua escolha sexual, virilidade ou fragilidade, mas sim à sua maturidade emocional e espiritual. Tornar-se homem inclui vencer os limites, barreiras e tabus que o impedem de se expressar como ele verdadeiramente é, sem máscaras.

Entrar na fase adulta significa penetrar nos Mistérios do Deus, que ama e aceita todos os seus filhos que sabem que a autêntica masculinidade não está centrada no seu Phallus, mas em seu coração.

Colar de Transição

Da mesma forma que as meninas, os garotos poderão receber um colar especialmente confeccionado para marcar a passagem pelo Rito de Transição.

Mesmo que os homens não tenham fases tão demarcadas quanto as mulheres para honrar seus poderes fertilizadores, eles poderão utilizar o Colar de Transição como uma maneira de honrar o poder da criação que encerram e a força do Deus que vive em seu interior.

Enquanto as meninas usam seu Colar Menstrual a cada mês durante o seu ciclo, os meninos poderão usar o seu Colar de Transição quando sentirem que sua energia vital, virilidade e poder pessoal precisam ser renovados. Assim, eles poderão usar seu colar quando sentirem que precisam ser fortalecidos, quando saírem para uma conquista, a cada Sabbat que honra o poder fertilizador do Deus, como Beltane ou Litha, ou a cada mês durante os dias em que a Lua estiver percorrendo o seu signo solar.

Para os meninos, o Colar de Transição assume o mesmo simbolismo que o cordão umbilical, representando a força que nos liga à fonte primordial e origem de todas as coisas, a Deusa.

As cores apropriadas para a confecção de um Colar de Transição são aquelas ligadas ao Deus, como o laranja, verde, vermelho e, principalmente, o branco, cor esta que está diretamente associada ao poder fertilizador da vida, pois nos remete ao sêmen.

Objetos de metal utilizados para bijuteria também podem ser adicionados ao colar, para conferir características masculinas ao objeto. Também são apropriados pingentes de símbolos ligados ao Deus, como sol, chifres, presas, garras, Phallus, triângulo, adagas, etc.

A maneira de fazer o Colar de Transição segue os mesmos passos do Colar Menstrual, demonstrada no capítulo anterior, lembrando que, durante o processo de confecção, pai e filho poderão aproveitar para estabelecer um diálogo aberto e franco sobre as transformações que a puberdade e a fase adulta trazem para um homem.

Consagrando o Colar de Transição

Quem consagrará o Colar de Transição é o próprio pai do garoto que irá passar pelo Rito de Transição. Isto assegura que o colar se transforme em um receptor e continuador da herança mágica ancestral, ligando o garoto às suas origens e antepassados.

Conheça a forma de consagração do Colar de Transição a seguir:

Material Necessário:

- O Colar de Transição
- Açafrão em pó misturado ao óleo de almíscar
- Um saquinho de veludo laranja ou branco

Procedimento:

A toalha que cobre o altar deverá ser branca ou laranja. O altar deve ornar os instrumentos convencionais e demais utensílios simbólicos necessários para conectar o pai com este importante momento. Deverá haver uma ênfase em símbolos fálicos para a decoração do altar, pois esta é uma cerimônia ligada aos Mistérios Masculinos.

O Círculo Mágico é traçado de modo habitual. O pai volta-se então ao Leste, ponto cardeal onde nasce o sol, consequentemente ligado ao Deus, e diz:

> Deus Cornudo, Senhor da alegria e êxtase
> Eu o chamo, Senhor, pelos seus nomes antigos e esquecidos.
> Você que é o grão renascido.
> Você que prepara o corpo dos homens para ser transformado, enquanto crescem.
> Esteja aqui abençoando este Colar de Transição, para que ele se transforme num elo de ligação com sua força e poder.
> Neste dia, eu peço suas bênçãos sobre este colar, que será conferido ao meu filho (diga o nome dele) no seu Rito de Transição.
> Que ele seja capaz de lembrá-lo de sua presença.
> Que ele seja capaz de lembrá-lo de suas lições.
> Que ele seja a chave que abre os caminhos da juventude, vida e poder fertilizador.
> Que, através dele, meu filho não se esqueça de ti.
> Que, através dele, tua força possa fazer morada em seu espírito,
> Para que seu conhecimento, sabedoria e amor se expressem nele em sua plenitude.
> Que assim seja!

O pai apresenta o colar para os quadrantes e diz:

> Terra, ar, fogo e água
> Abençoem este colar.
> Que ele tenha a firmeza da terra,
> A luz do ar,
> O vigor do fogo,
> A fluidez da água.

O pai deverá passar agora o óleo de almíscar no colar, enquanto mentaliza desejos de sabedoria, força, fertilidade e entendimento ao seu filho. Em seguida, se possível, ele poderá ungir o colar também com o seu próprio sêmen e então diz:

> Abençoado seja o Phallus,
> Pois ele é a manifestação do que é bom e belo.
> Nele convergem todas as realidades e manifestações da existência.
>
> Ele é a expressão da individualidade.
> Ele é quem promove a unidade com o Sagrado através do êxtase.
> Ele é o revelador da verdade, o conhecedor do Mistério que o homem foi impedido de conhecer.
>
> Salve o condutor do prazer,
> Que transmite as mensagens da vida ao coração
> E proclama sua soberania, nos libertando dos grilhões do pecado.
>
> Abençoado seja o guardião das sementes de nossa salvação.
> Através dele nos regozijamos e encontramos a paz e harmonia.
> Através dele perpetuamos a vida.
>
> Com o poder do Phallus eu abençoo este colar,
> Para que ele seja a ligação de meu filho com os poderes e sabedoria do Deus

O pai deixa o Colar de Transição sobre o altar e então coloca suas mãos em forma de bênção sobre ele. Visualiza uma luz dourada entrando pelo centro de sua cabeça e saindo pelas suas mãos, se impregnando no colar. Ele então medita mais uma vez sobre as bênçãos que deseja atrair para seu filho e pede, com palavras espontâneas, que o Deus possa abençoá-lo através do uso do colar.

O Círculo Mágico é destraçado e o colar é deixado ao ar livre para tomar a luz do Sol. Ele deverá ser recolhido antes de a Lua despontar no horizonte e então será guardado no saquinho de veludo dourado ou branco até que o garoto esteja pronto para usá-lo e, então, reforçar sua consagração, estabelecendo definitivamente sua ligação pessoal com o objeto ritual.

Confeccionando um Omphalos

Os mitos gregos nos contam que Zeus enviou duas águias a partir do norte e oeste. Ao se encontrarem, elas pousaram em Delfos, e lá uma pedra fálica foi colocada para marcar o umbigo do mundo e o ponto exato que representa o centro da Terra. Ela recebeu o nome de *Omphalos*, que significa umbigo. Este nome também pode ser ligado etimologicamente à origem da palavra falo (*phallus*), uma outra expressão usada para se referir ao pênis em seu aspecto sagrado.

Pedras semelhantes e de propósitos similares foram associadas com o Deus cananeu Baal e são utilizadas até hoje na Índia como símbolos de Shiva, onde são chamadas de *Lingam*.

O *Lingam* é o símbolo fálico do Deus Shiva. Ele representa o pênis, o instrumento da criação e da força vital, a energia masculina que está presente na origem do universo. Ele é a expressão do poder criador de Shiva. Para os indianos, cultuar e reverenciar o *Lingam* é o mesmo que reverenciar Shiva e celebrar o poder criador do Deus e sua essência geradora.

O *Omphalos* mais famoso é o de Delfos, mas pedras similares, que marcam a origem de toda vida, foram encontradas em muitos lugares ao redor do mundo e templos em Roma, Iraque, Egito e Irlanda. Poderíamos dizer que um *Omphalos* demarca um lugar sagrado onde os Deuses podem ser contatados e oráculos podem ser ouvidos.

Poderíamos dizer que a principal característica de um *Omphalos* é propiciar a comunicação direta com os Deuses. Com o passar do tempo, a palavra *Omphalos* passou a representar o centro de qualquer coisa ou lugar.

O jovem que passa pelo período difícil da Transição está em busca do seu eu, o seu centro, de forma que conheça a si mesmo. Neste período da vida, ele precisará buscar ouvir sua voz interior para conhecer e explorar plenamente suas habilidades e capacidades. É neste momento que ele precisa encontrar o seu *Omphalos*, o centro de si. Quando ouvimos nosso centro, nossa voz é verdadeira e honesta. Ao encontrarmos o nosso centro, tocaremos a verdade de nossa alma. As pitonisas do Oráculo de Delfos, onde o primeiro *Omphalos* foi estabelecido, simplesmente ouviam o seu centro para revelarem suas sábias profecias.

Uma das atividades transformadoras associadas ao Rito de Transição que um garoto pode realizar juntamente com o seu pai é a construção de seu próprio *Omphalos*. Isto pode ser interpretado não só fisicamente, com a confecção de um objeto para se tornar um ponto focal de meditação, mas simbolicamente, através da lapidação do caráter e dos valores de uma pessoa.

Algumas semanas antes do Rito de Passagem do garoto ser realizado, pai e filho poderão sair juntos com o objetivo de encontrar uma pedra para se tornar o *Omphalos* do rapaz. É importante que isto não se torne um evento social e uma excursão com família e amigos, mas sim um momento privativo, onde pai e filho poderão dialogar e estreitar seus laços de amor e confiança.

O local mais apropriado para encontrar a pedra ideal para servir de *Omphalos* é uma cachoeira. Mas uma pedreira, trilha ou até mesmo um parque podem servir a este propósito. A pedra escolhida deve ter um formato fálico, ou seja, deve ser cônica. Ela não precisa ser muito grande, mas deve ser atrativa aos olhos do rapaz, pois o acompanhará pelo resto de sua vida.

Enquanto procuram pela pedra perfeita, pai e filho poderão conversar sobre suas expectativas, o que esperam um do outro neste momento e como podem se ajudar mutuamente.

O pai poderá aproveitar a oportunidade para transmitir valores, tirar as dúvidas do filho sobre questões ligadas à sexualidade, relatar suas próprias experiências positivas e negativas, contar como agiu para transformar situações difíceis e desafiadoras no decorrer de sua vida. Este é um momento de cumplicidade, companheirismo e amor que pode transformar o jovem pelo resto de sua vida e torná-lo alguém melhor.

A pedra encontrada servirá como *Omphalos* para o rapaz, um ponto focal para a meditação onde ele fará suas invocações ao Deus e procurará se fortalecer, buscando despertar o poder e conhecimento que reside em seu eu, em seu centro.

Se o garoto quiser, ele poderá deixar a pedra em seu estado natural, sem nenhum tipo de pintura. No entanto, ela pode ser decorada com símbolos ligados ao Deus e ao poder fertilizador do Sagrado Masculino. Os símbolos que seguem são alguns exemplos que podem ser utilizados:

Sowelu: símbolo rúnico associado ao Deus e ao Sol. Está intimamente ligado à energia vital que faz tudo crescer e prosperar.

Tywas: símbolo rúnico também associado aos poderes masculinos. Simboliza a espada, o falo e o poder defensor masculino.

Sol: há muito o Deus está ligado ao sol que fertiliza a Terra. Está ligado a energia vital, a luminosidade, alegria e satisfação de viver.

Luna Cornuta: representa o Deus Cornífero, o filho e Consorte da Deusa.

Cernunnos: é o antigo Deus celta da caça, fauna, flora e animais. Cernunnos está ligado aos poderes da virilidade, força, fertilização

Green Man: Deus que representa a ligação dos homens com o mundo natural. Está intimamente ligado a energia da vegetação e a natureza selvagem e seus poderes fertilizadores.

Roda de 8 Raios: simboliza a passagem do Deus pela Roda do Ano e está diretamente ligada ao seu ciclo de nascimento, vida e morte.

Triângulo: símbolo do Phallus do Deus e sua energia criadora. Representa a centelha da energia masculina vivente em cada ser.

Cruz Solar: outro símbolo que representa o fluir do Deus como rei Solar através da estações.

A pedra deve ser colocada num receptáculo que possibilite-a permanecer em pé, com a parte cônica apontando para cima. Se não for possível conseguir nenhuma pedra com uma base plana, reta, que faça com que a pedra fique de pé sozinha, talvez seja necessário algum auxílio para assentá-la no receptáculo. Se isso ocorrer, use terra ou argila para criar uma camada onde a pedra possa ser encaixada e acomodada de forma a permanecer de pé sem dificuldades.

O *Omphalos* deverá ser consagrado pelos quatro elementos e com invocações ao Deus feitas espontaneamente pelo pai e filho.

A partir de então, ele passará a não só representar o centro do ser do garoto, mas irá se tornar a manifestação viva do próprio Deus Cornífero.

O *Omphalos* poderá receber libações de vinho, água e oferendas pessoais de frutas, grãos etc., feitas pelo garoto como forma de fortalecimento de seu centro. Oferendas rituais são utilizadas por religiões ao redor de todo o mundo, incluindo na Wicca. Elas são consideradas uma maneira de reafirmar nossos laços com o Sagrado, que nos devolverá a energia vital daquilo que ofertamos transformada em bênçãos, para que possamos restaurar nossas energias.

O *Omphalos* deverá ser guardado e conferido ao garoto em seu Rito de Transição.

A partir de então, ele fará parte integrante do altar do rapaz, que o guardará por toda sua vida.

Ele é o elo de comunicação com o Sagrado Masculino e com o Deus que vive no interior da alma de cada homem.

Tatuagens e Marcas Tribais

As tatuagens são símbolos também ligados à entrada do homem em sua fase adulta. Muitas são as culturas que tatuam seus garotos ou escarificam suas peles durante os Ritos de Passagem para a Masculinidade.

Os designs das tatuagens feitas durante os Ritos de Transição podem ser usados como símbolos de ligação com os Deuses e espíritos de uma família, ou aqueles que um indivíduo escolhe reverenciar por si só.

Com o recurso das tatuagens de hena, que desaparecem naturalmente depois de algumas semanas, o garoto pode ser tatuado durante o próprio Rito de Passagem. Isso faz com que, ao contemplar suas tatuagens, ele se lembre e reflita por semanas sobre as novas responsabilidades que assumiu. Esse tipo de tatuagem também se torna um sinal social da transição, uma vez que, quando o garoto for inquirido sobre sua tatuagem, ele poderá explicar aos seus amigos e colegas o significado e simbolismo que isso representa para sua nova condição.

Se os pais permitirem e o rapaz se sentir seguro, uma tatuagem permanente, feita por um profissional da área, poderá ser realizada. Isso possui significado e importância muito mais profundos, já que ela não sairá do corpo e ele a levará como símbolo de sua transformação durante toda a vida. Assim, a pele torna-se o livro vivo que conta a história de sua vida.

Caso seja possível fazer uma tatuagem permanente, o símbolo ou figura a ser tatuado deve ser escolhido minuciosa e apropriadamente, de maneira que reflita a Transição pela qual o garoto passa.

Seria interessante pai e filho pesquisarem a história de suas origens e descobrirem o estilo, design e símbolos ligados à sua ancestralidade.

Símbolos universais apropriados incluem aqueles ligados ao Deus e que já foram demonstrados nas páginas anteriores, quando abordamos a construção do *Omphalos*.

Durante as semanas que antecedem o Rito de Passagem, pai e filho poderão procurar juntos o desenho perfeito para a tatuagem, visitando livrarias, bibliotecas e através de buscas em sites da internet.

Este é mais um momento onde os laços entre os dois podem ser reafirmados e renovados.

Exercícios e Práticas Para Harmonizar-Se Com o Poder do Phallus

O homem não possui um ciclo mensal onde os poderes fertilizadores se manifestam, como no caso das mulheres. Assim sendo, torna-se muito mais complexo compreender quando exercícios e ritos de harmonização com essas forças devem ser realizados por ele.

Uma dica é realizar tais exercícios e práticas quando a Lua estiver transitando pelo seu signo solar. Isso ocorre uma vez ao mês e dura aproximadamente dois dias. Tais exercícios possibilitarão a expansão da consciência do homem, para que ele encontre as respostas para muitas de suas indagações dentro de si.

Os exercícios a seguir possuem essa finalidade e as instruções serão dadas sendo direcionadas à segunda pessoa do singular, para uma melhor compreensão das práticas ao serem realizadas.

Resgatando o Poder Masculino

Esta meditação possibilita o encontro com sua ancestralidade masculina, para que você receba a força e sabedoria dos Pais do tempo e do mundo.

Você vai precisar de um instrumento de percussão, como um tambor ou um chocalho, para ser tocado enquanto medita. Se desejar, coloque uma música para relaxamento de fundo e então inicie sua meditação.

Respire profundamente por três vezes. Libere sua mente de todos os pensamentos perturbadores que possam atrapalhar sua conexão.

Relaxe seu corpo e mente e, então, visualize-se caminhando em uma floresta. Sinta o cheiro da terra e deixe o vento soprar o seu cabelo.

Ande por alguns instantes até encontrar uma clareira com uma fogueira acesa em algum lugar da floresta.

Ao encontrá-la, sente-se próximo ao fogo e permaneça ali meditando por alguns instantes.

Em sua meditação, feche os olhos por alguns instantes e ouça somente o som da fogueira crepitando.

Permaneça nesse estado de relaxamento durante algum tempo, procurando por respostas às suas indagações.

De repente, você ouve alguém chamar o seu nome. A voz é grave, forte e lhe inspira poder.

Lentamente, você abre os seus olhos e visualiza um círculo de homens ao seu redor e vê o Deus Cornífero posicionado bem à sua frente. Eles são seus ancestrais e vieram restaurar o seu poder, a sua força interior.

Eles se aproximam lentamente de você e começam a dançar e cantar ao seu redor, o abençoando. Alguns deles se aproximam com pigmentos naturais, retiram suas roupas e pintam o seu corpo com símbolos sagrados, entoando uma canção antiga. Agora o seu poder novamente se desperta e toma forma.

Compartilhe seus sonhos e desejos com seus ancestrais. Converse e peça conselhos. Sinta-se preenchido pela força deles.

Essa meditação deve ser utilizada todas as vezes que julgar necessário resgatar o seu poder.

Honrando o Omphalos

Em frente ao *Omphalos*, cante e honre o Deus.

Faça libações de vinho e oferendas à sua pedra.

Relaxe por alguns minutos e, então, segure o *Omphalos* em suas mãos. Deixe a energia fluir dele para você e abra-se para a comunicação com o Sagrado.

Esteja atento às mensagens, insights e intuições que você tiver nessa hora. Seu *Omphalos* é um símbolo que possibilita alcançar a essência do seu centro, que tem muito para compartilhar.

Contemple o seu *Omphalos*, olhe para ele e permaneça neste estado meditativo sem pensar em nada.

Pegue, então, o seu Livro das Sombras ou um caderno de anotações pessoais e escreva por 15 minutos, sem pensar ou julgar suas ponderações.

Quando terminar, leia o texto e retire algum ensinamento para o seu momento de vida atual.

Rito de Transição Masculina

O Ritual de Transição masculina marca o momento da vida de um garoto em que ele começa a aprender como viver independentemente. Este é um momento mágico para que ele e sua família possam se despedir da criança que um dia existiu, que se transforma agora em homem.

Conheça a seguir uma forma de celebrar essa mudança.

Materiais Necessários:

- Os objetos e símbolos fálicos para o altar
- 1 caldeirão com água coberto
- 1 lança
- Um pigmento branco para a pele ou hena para tatuagem.
- O Colar de Transição
- Omphalos
- Um cálice com água e mel
- Um cálice de chá feito com ervas amargas
- Máscaras rituais para cada participante
- Veste de caçador para cada participante
- Uma veste de caçador para o rapaz
- Uma máscara especialmente confeccionada para o rapaz que passa pelo Rito de Passagem
- Bolos, frutas, sucos e vinhos para o banquete
- Açafrão, alecrim, louro e pétalas de girassol
- Velas e flores do campo para o altar
- Instrumentos habituais de altar

Melhor Momento:

O período que vai da Lua crescente até a cheia é o melhor período para celebrar um Rito de Transição Masculina. Outro período ideal é o momento em que a Lua esteja atravessando o signo do rapaz que passa pelo ritual ou até mesmo sua data de aniversário..

Preparações Preliminares:

O pai e o filho deverão se preparar para este ritual durante alguns meses, construindo o Colar de Transição e o *Omphalos*.

Três dias antes da cerimônia de Transição, o pai deverá aproveitar para conversar com o garoto sobre as transformações que ele está vivendo e, então, irá dar-lhe uma missão inédita a ser realizada como condição para que o ritual se concretize. A tarefa pode ser pegar o ônibus sozinho pela primeira vez para chegar até um destino, podar as flores do jardim, trocar o pneu de um carro sem auxílio de outras pessoas, ler um livro que o pai julgue importante para o seu aprendizado ou qualquer outra atividade que seja difícil, mas não impossível, para o jovem realizar.

O Dia Da Cerimônia

Neste dia, o garoto deverá se preparar desde cedo para a cerimônia, fazendo uma alimentação leve, com frutas, água e suco.

Antes do ritual, ele deverá ser banhado pelo seu pai com uma infusão feita com louro, açafrão, alecrim e pétalas de girassol.

Enquanto o pai dá o banho em seu filho, ele diz as seguintes palavras:

O garoto que um dia existiu não mais existirá
Entre no mundo do desconhecido e seja transformado!

Ao terminar seu banho, o rapaz se secará, e então o pai desenhará símbolos sagrados em sua pele com pigmentos brancos ou hena. Se desejar, o pai poderá ser auxiliado por outro homem nessa tarefa. Enquanto isso, cânticos são entoados. Quando as pinturas estiverem finalizadas, o pai diz:

Abençoado seja pelos símbolos do Deus Cornífero.
Que você seja envolvido pelo amor e força Dele.

O garoto é então conduzido à luz de velas até um quarto escuro e lá será deixado por uma hora ou duas para que possa meditar sobre este momento de transição em sua vida.

Preparação do Círculo

Enquanto o rapaz permanece confinado no quarto escuro, o local da cerimônia é preparado por seu pai e demais homens que participarão da cerimônia.

O altar deverá ser decorado com símbolos fálicos e estátuas ou figuras do Deus. O *Omphalos* e o Colar de Transição deverão estar em um lugar de destaque no altar.

Todos os homens deverão ter símbolos sagrados pintados em seus corpos, feitos com hena ou pigmentos brancos. Também estarão mascarados, para dificultar o reconhecimento pelo rapaz e dar impacto à cerimônia. As vestimentas dos participantes deverão lembrar roupas de caçadores, feitas com peles, couro, retalhos de panos, etc.

Cinco homens serão escolhidos para representar os Guardiões dos Elementos da natureza: terra, ar, fogo, água e espírito. Cada Guardião permanecerá no quadrante associado ao elemento e deverá ornar um objeto como um colar, anel, bracelete, amuleto, uma adaga, etc., que será presenteado ao rapaz, para que ele leve a força daquele elemento para sua vida adulta. O Guardião relacionado ao Espírito permanecerá no centro do Círculo.

O Ritual

O Círculo é lançado de maneira habitual.

O pai, acompanhado de alguns homens, buscará o garoto, que deverá estar aguardando no quarto de confinamento.

Ao se aproximarem do perímetro do espaço sagrado, o Oficiante toca o sino 3 vezes, e então um portal é aberto para que eles adentrem o Círculo.

O Oficiante estende sua mão e recebe o garoto no interior do Círculo, dizendo:

A promessa do Deus se cumpre uma vez mais.
Há um entre nós que deseja penetrar os Mistérios do Phallus.
Você está pronto, rapaz?

O garoto responde apropriadamente.

O Oficiante volta-se novamente para o garoto e pergunta:

Por que você veio até nós?

O garoto diz:

> VIM PARA QUE POSSAM ME RECONHECER E AJUDAR A ME TORNAR UM HOMEM.

O Oficiante volta-se aos demais membros do Círculo e diz:

> EXISTE ALGUÉM AQUI QUE ACREDITA QUE ESTE PEDIDO NÃO DEVE SER ACEITO PORQUE NÃO É HONRADO?

Os homens olham entre si e um momento de silêncio se faz, para dar impacto à cerimônia.

O Oficiante pega a lança e então caminha em direção às costas do rapaz. Ele encosta a ponta da lança em um dos seus ombros e o empurra gentilmente, fazendo-o dar 3 voltas ao redor do Círculo. Na terceira volta, ele para com o garoto no Norte, em frente ao oficiante que representa este quadrante. Ele entrega a lança para o Guardião do Norte e então diz:

> GUARDIÃO DOS PORTAIS DO NORTE, EU TE APRESENTO ESTE RAPAZ QUE HOJE SE TORNARÁ UM HOMEM. RECONHEÇA-O E O ABENÇOE.

O Guardião do Norte diz:

> EU SOU AQUELE QUE ESTÁ EM VOCÊ E AO SEU REDOR.
> GIRE EM VOLTA DE SI MESMO, CRIANÇA, E EXPERIMENTE O DIVINO QUE VIVE EM VOCÊ.
> VOCÊ ME CONTÉM, POR ISSO TODOS OS SEUS ATOS SÃO SAGRADOS E DEVEM SER HONRADOS.
> JAMAIS ME ESQUEÇA NESTA VIDA, POIS EU SOU QUEM O SUSTENTA E O FAZ PROSSEGUIR.
> HONRE A TERRA SOBRE A QUAL VOCÊ CAMINHA E ESTARÁ HONRANDO SEUS ANCESTRAIS E A SI MESMO.
> COMO VOCÊ ME HONRARÁ?

O garoto dá uma resposta apropriada.

O Guardião dá o seu presente mágico para o garoto e, empurrando-o com a lança, leva-o em direção ao Leste. Ao chegar neste ponto cardeal, ele entrega a lança ao Guardião do Leste e diz:

> Guardião dos Portais do Leste, eu te apresento este rapaz que hoje se tornará um homem. Reconheça-o e o abençoe.

O Guardião do Leste diz:

> Eu sou o seu pai, filho, rei, irmão e amigo.
> Eu sou a promessa da vida renovada, que cresce e se torna forte com a luz do Sol.
> Eu sou o cervo que corre, as folhas voando por entre as florestas e o frescor da primavera.
> Eu sacrifico a mim mesmo para sustentar a vida daqueles que amo.
> Honre os céus acima de sua cabeça e você estará honrando a força renovadora da vida.
> Como você me honrará?

O garoto dá uma resposta apropriada.

O Guardião dá o seu presente mágico para o garoto e, empurrando-o com a lança, leva-o em direção ao Sul. Ao chegar neste ponto cardeal, ele entrega a lança para o Guardião do Sul e diz:

> Guardião dos Portais do Sul, eu te apresento este rapaz que hoje se tornará um homem. Reconheça-o e o abençoe.

O Guardião do Sul diz:

> Eu sou o Guardião que dissipa as trevas da ignorância com minha luz divina.
> Eu sou alegre, vigoroso e danço para celebrar a Canção da Criação.
> Eu sou o Sol que brilha fortemente nos céus, trazendo luz e calor para a humanidade.
> Eu sou a luminosidade constante, iluminando seus caminhos.
> Meu é o raio que dança através dos céus, lançando luz na escuridão.

HONRE O FOGO QUE ARDE EM VOCÊ E ESTARÁ HONRANDO A PAIXÃO QUE MOVE A VIDA.
COMO VOCÊ ME HONRARÁ?

O garoto dá uma resposta apropriada.

O Guardião dá o seu presente mágico para o garoto e, empurrando-o com a lança, leva-o em direção ao Oeste. Ao chegar neste ponto cardeal, ele entrega a lança para o Guardião do Oeste e diz:

GUARDIÃO DOS PORTAIS DO OESTE, EU TE APRESENTO ESTE RAPAZ QUE HOJE SE TORNARÁ UM HOMEM. RECONHEÇA-O E O ABENÇOE.

O Guardião do Oeste diz:

EU SOU A FORÇA DA CRIAÇÃO.
EU SOU A SEMENTE DA EXISTÊNCIA, QUE TRAZ O PODER DA RENOVAÇÃO.
EU SOU O GUARDIÃO DOS PORTAIS QUE SEPARAM OS DIFERENTES MUNDOS.
MEU É O AMOR PURO QUE PULSA EM SEU CORAÇÃO E O INSPIRA.
HONRE AS ÁGUAS DA VIDA E VOCÊ ESTARÁ HONRANDO A VERDADE QUE LIBERTA O MUNDO.
COMO VOCÊ ME HONRARÁ?

O garoto dá uma resposta apropriada.

O Guardião dá o seu presente mágico para o garoto e, empurrando-o com a lança, leva-o em direção ao centro do Círculo. Ao chegar neste ponto, ele entrega a lança para o Guardião do Espírito e diz:

GUARDIÃO DOS PORTAIS DO ESPÍRITO, EU TE APRESENTO ESTE RAPAZ QUE TEM VIAJADO ATRAVÉS DAS QUATRO DIREÇÕES E QUE ESTÁ PRONTO PARA SE TORNAR UM HOMEM. RECONHEÇA-O E O ABENÇOE.

O Guardião do Espírito aponta a lança para a região do coração do garoto e diz:

O QUE FOI DITO É VERDADEIRO?

O garoto responde apropriadamente.

O Guardião do Espírito diz:

Eu sou o Guardião da verdade que reside em seu coração.
Eu sou o desejo que mora em seu centro.
Eu sou os seus sonhos mais escondidos e inacessíveis.
Meus são o perfeito amor e confiança.
Honre o seu interior e você estará honrando a força que o torna livre.
Como você me honrará?

O garoto responde apropriadamente.

O Oficiante avança ao centro do Círculo e diz:

Você foi trazido até aqui através das sombras,
Através da escuridão do útero que dá a vida,
A escuridão da terra que o receberá em sua morte,
A escuridão da tumba e da caverna que possui o Mistério das sombras e profundezas.
Você foi trazido aqui para sua prova.
Você deseja esta prova?

O garoto responde uma vez mais apropriadamente.

Um dos homens mascarados traz o cálice com água e mel e dá para o garoto beber um gole. Em seguida, lhe é dado o chá de ervas amargas, que também deverá ser bebido pelo garoto.

Enquanto o rapaz bebe o chá, o Oficiante diz:

Esta é a verdade da vida,
A vida é feita para ser vivida.
A vida é doce como açúcar,
A vida é amarga como o fel.
Às vezes, como espinhos, a vida se torna insuportável,
Quando as nuvens viajam lentamente, em direção ao seu destino cheio de escuridão, troveja e relampeja,

E DEPOIS DE ALGUNS MOMENTOS TUDO ESTÁ CLARO.
ESTA É A VERDADE DA VIDA,
A VIDA É FEITA PARA SER VIVIDA.

Quando ele termina de beber, o Oficiante descobre o caldeirão e faz o garoto contemplar sua face nas águas de seu interior, enquanto diz:

EIS QUE EU LHE REVELO O MAIOR DOS MISTÉRIOS:
VOCÊ É O DEUS, FILHO E CONSORTE DA DEUSA.
ELE VIVE EM VOCÊ E VOCÊ NELE.
O DEUS AGORA O HONRA COMO UM HOMEM.
COMO VOCÊ O HONRARÁ?

O garoto dá a sua resposta.

O Oficiante toca a lança em um dos ombros do garoto e então o empurra levemente com ela, circulando três vezes em volta do Círculo mais uma vez. Ao fazer isso, todos os homens começam a acompanhar os dois, iniciando uma procissão, circulando-os.

Na terceira volta, o Guardião do Espírito estende sua mão para o rapaz, dá a ele o seu presente mágico, dizendo:

VOCÊ PRESENTEOU O DEUS CORNUDO COM SEUS VOTOS DE HONRA, E ELE DESEJA LHE RETRIBUIR.
AGORA VOCÊ SE TRANSFORMA EM HOMEM.
EU LHE DOU ESTE PRESENTE PARA QUE VOCÊ SE LEMBRE QUE O DEUS VIVE EM VOCÊ.
TU ÉS O DEUS, FILHO DA GRANDE MÃE.
MAS LEMBRE-SE: SÓ AQUELES QUE POSSUEM O CORAÇÃO PURO COMO O DA CRIANÇA PODEM ALCANÇAR SEUS MISTÉRIOS.
ASSIM SENDO, NÃO DEIXE SUA INFÂNCIA SE AFASTAR DE VOCÊ A PONTO DE NÃO CONSEGUIR SORRIR E SONHAR COM A ESPERANÇA DE UM NOVO AMANHÃ.

O pai se aproxima do garoto e então coloca seu Colar de Transição no pescoço do filho e diz:

> Este é o Círculo do Renascimento.
> Carregando-o com você, estará levando parte de mim, ao mesmo tempo que honra seus ancestrais e o Deus, Filho da Grande Mãe.
> Que ele seja o elo que une você a este Rito e a nós, que hoje o celebramos em sua honra.

Ele agora entrega o *Omphalos* ao garoto, dizendo:

> Siga o seu coração e saiba que ser homem é ser forte, não em corpo, mas em espírito.
> Agora é a hora de você fazer suas próprias decisões, ouvindo o seu centro e tendo sua intuição para guiá-lo.
> Honre o Deus em você, e assim será capaz de decidir sabiamente e bem.
> Venere também a centelha da paixão, que forja os seus desejos.
> Confronte o que lhe causa temor, pois é assim que o sábio se faz.
> E quando o medo lhe ameaçar e as sombras parecerem vencê-lo, saia à luz do Sol, sinta o calor e o amor do Deus dentro de você.
> Honre o seu Phallus e reconheça o poder da semente da vida em ti.
> Então o véu entre você e o Grande Mistério será elevado, e a renovação da vida se fará!

O pai e os outros homens colocam a máscara confeccionada para o garoto em sua face e o vestem com sua roupa de caçador.

O pai pega o rapaz pela mão e então diz:

> Eu apresento a vocês meu filho (dizer o nome da Arte do garoto), um homem para nós agora!

Os alimentos são consagrados e o banquete é realizado.
Histórias sobre a puberdade são compartilhadas entre os homens.
Em seguida, o Círculo é destraçado de modo habitual.

Restaurando o Poder
Uma meditação Queer

Paganismo *Queer* é como hoje nos referimos às tradições e segmentos pagãos orientados para a comunidade gay. A palavra *queer* é um termo em inglês que significa ser fora do padrão, singular, diferente, o oposto de comum, o contrário de hétero.

Hoje, inúmeras pessoas nos Estados Unidos, Europa e Austrália acabaram por formar seus próprios grupos baseados em Mistérios Pagãos com ênfase na homossexualidade, reportando-se aos antigos cultos de Dionísio, Príapo, Pan, Eros, Ganimedes, Antínoo, entre outras divindades do êxtase e da liberdade sexual.

Muitos são os pagãos gays que se sentem excluídos no paganismo com a visão heterossexista, heteronormativa e separatista difundida, muitas vezes, através de alguns segmentos tradicionalistas da Arte.

Por isso, formas de culto alternativas, baseadas numa perspectiva mais pessoal, tornaram-se uma solução para aqueles que não se sentem à vontade em ter que encarar o Deus como princípio máximo heterossexual da masculinidade e do masculino, já que muitos pagãos também são homens e não são heterossexuais.

O crescimento de movimentos pagãos feministas ajudou a incentivar a formação de muitos outros grupos focados no estudo e prática de uma espiritualidade centrada na religiosidade e sexualidade não patriarcal. Essas buscas resultaram na formação de grupos que reuniram diversas pessoas previamente marginalizadas socialmente. Os gays, lésbicas e transgêneros incluem-se nessa tão massacrada categoria da sociedade.

Isso representou um passo importante na tentativa e processo de reverter uma situação de preconceitos, marginalização e misoginia que perdurou por séculos e que ainda é alimentada pela sociedade patriarcal machista.

O movimento ao redor da formação de grupos que buscam uma espiritualidade gay distinta iniciou-se há muitos anos, com os pioneiros da espiritualidade *queer* se juntando em sociedades alternativas com o intuito de explorar suas conexões com o Divino. Os primeiros registros desses grupos datam da década de 70.

Muitos praticantes gays do paganismo moderno percebem as figuras heteronormativas da Deusa e do Deus como demasiadamente limitadoras. Por isso, muitas crenças e práticas pagãs entre os *queers* foram autoconstruídas e/ou ampliadas pelos membros do movimento. Uma das mais surpreendentes é a celebração de um Deus patrono dos gays, o Deus *Queer*. Este Deus é chamado por muitos outros títulos: Deus Púrpura, Deus Azul, Aquele que Dança, Rei Flor, Deus Risonho. Em cada um dos seus muitos aspectos, o Deus *Queer* assume um atributo diferenciado e acredita-se que sua energia só seja acessada quando invocado pelos gays.

Muitos praticantes tradicionalistas da Arte acham absurda a ideia da criação de novos deuses, mas essa prática é fundamento de todas as mitologias do mundo. Os homens criaram seus deuses ao longo da história de acordo com suas necessidades espirituais, emocionais e materiais, assim como criamos um ideal social ou político, elaborado ou simples.

Um Deus somente para os *queers* pode ser considerado uma criação mitológica moderna, simbólica, para expressar reafirmação espiritual e identidade. Levando em consideração o tratamento que os gays recebem diariamente por parte da sociedade, o Deus *Queer* se transformou em protetor, companheiro e confidente para muitos que se sentem excluídos em função de sua orientação sexual. Ele é o Deus que conduz o ser ao reconhecimento do Sagrado dentro de cada um de nós e à aceitação de que o que é "diferente" é bom, pois promove a diversidade, pluralidade e multiplicidade, e por isso deve ser celebrado.

Para os pagãos gays, o Deus *Queer* é considerado o primeiro reflexo visto pela Deusa quando Ela se mirava no espelho curvo e negro do Universo, fazendo amor consigo mesma para criar toda a Vida. Ele é a própria imagem da Deusa refletida na luz do êxtase, no momento infinito da Criação. Se tornou o Seu primeiro amante e é a expressão do amor puro, da alegria ilimitada e da sexualidade em suas amplas manifestações. Ele representa não a heterossexualidade ou homossexualidade em si, mas a sexualidade como o abraço apaixonado do Divino, em cada um de nós e no Universo.

Assim, quando nos ligamos a outra pessoa no êxtase do amor, seja numa relação homossexual ou heterossexual, abraçamos o divino em nós mesmos, no outro e no universo. Esta é a chave para começar a conexão com o Deus *Queer*. Sendo assim, pagãos homossexuais ou bissexuais o consideram seu patrono, já que ele pode ser considerado masculino e feminino, amando e se relacionando com ambos.

A religião precisa compreender e responder às necessidades, tanto dos indivíduos quanto das comunidades a quem ela serve no mundo moderno. Quando uma religião não consegue adaptar sua estrutura aos avanços naturais do tempo, perde sua autoridade e se estagna. Isso faz com que seus símbolos deixem de inspirar e fortalecer seus seguidores, negligenciando suas experiências e marginalizando sua identidade e valores. Uma religião que não dialoga com sua comunidade se torna nula e vazia.

O que os pagãos *queers* fazem ao usar sua criatividade para criar seus modernos deuses é dar uma resposta a essa perda de significado espiritual, recriando novas formas de contatar o Divino que falem às experiências atuais daqueles que sentem e percebem o Sagrado de forma diferenciada. Isso cria uma tradição espiritual de poder, ligada àquilo que um dia existiu, mas com raízes no presente, com uma visão abrangente e abertura para as gerações do futuro.

Os pagãos *queers* reconhecem que ser diferente não é motivo algum para vergonha, mas uma dádiva a ser celebrada, uma aceitação dos desafios e jornadas individuais de celebração ao Sagrado Masculino que existe no interior de homens que amam outros homens.

O homem gay também deve restaurar os poderes do Deus que reside dentro de si. Há muito, nossos jovens gays sofrem com os preconceitos e represálias da sociedade, que provocou verdadeiros traumas e problemas de autoaceitação e baixa autoestima.

É chegado o momento de o paganismo dar aos jovens gays seu lugar de direito nos Ritos de Passagem que celebram as Transições, de forma que eles se sintam amados e apoiados por serem quem verdadeiramente são, e não por causa de sua orientação sexual. Isso inclui transformar os Ritos de Passagem em cerimônias menos heterossexistas e mais abrangentes, para que todos possam contemplar a beleza numa religião que celebra e respeita a diversidade.

Um verdadeiro pagão incentiva que as pessoas se tornem quem elas verdadeiramente são e tenham a coragem de expressar suas escolhas de vida com orgulho, sem vergonha e temor aos preconceitos.

Desta forma, o ritual que segue é destinado aos jovens gays, que sentem e experimentam a entrada na puberdade de forma diferenciada dos heterossexuais. É, em suma, um complemento para o Rito de Passagem e momento de transição.

Celebrando a Diversidade Com o Deus Queer

Materiais Necessários:

- *Omphalos*
- 1 vela azul ou púrpura
- 1 chocalho ou tambor
- 1 toalha para altar nas cores do arco-íris
- Penas de pavão
- Imagens de Deuses Queers como Apollo, Dionísio, Antinous, Príapo, Malek Taus, Pan , Jacinto, etc

Procedimento:

Construa um altar com os itens listados acima. Lance o círculo de maneira habitual.

Declare sua intenção pessoal para este rito e focalize seu objetivo. Então, eleve um pouco de energia, dançando e cantando aquilo que possui, meditando sobre aquilo que acredita ser verdadeiro para você.

Acenda a vela em frente ao seu *Omphalos*, olhe para ele por alguns instantes e sinta o poder que emana deste objeto sagrado. Então diga em alto e bom tom as palavras a seguir:

Ouçam agora as palavras dos Queers, os segredos que escondemos até então por medo e vergonha.
Eu me elevo forte entre os portais e trago o amor em minhas visões. Me elevo neste círculo mágico lançado.
Entre os dois mundos estou e restauro meu lugar e poder.
Beberei o bom vinho dos Deuses antigos, dançarei e farei amor em honra a eles, até que a doce Summerland me receba, em paz ao término de meus dias.
Este mundo não tem o direito de me impedir de ser quem verdadeiramente sou.
O Deus Queer é invocado aqui!

Neste tempo e nesta hora eu o invoco e restauro o meu poder. Chamo-o em suas oito faces:

A Criança Divina, cheia de vida, alegria e inocência;
O Explorador, que caminha entre nós para aprender os Mistérios da Vida;
O Amante, que ama todos os homens e deseja preencher nossos corações com alegria;
O Curador, que nos ajuda nos processos de cura de nossas feridas;
O Guerreiro, que luta para proteger seus amados do ódio e da violência;
O Andrógino, masculino e feminino, senhor do equilíbrio e da harmonia;
O Xamã, que une o mundo dos homens e dos Deuses, trazendo de volta as visões de nossa alma;
O Ancião, senhor da sabedoria, que não teme a morte e a mudança.
Pelo vento e lua que brilha além do mar,
Pelo sol e arco-íris que indicam o caminho, esteja aqui.
Que assim seja!

Continue contemplando o *Omphalos* e dirija a energia elevada para potencializar o seu Eu.

Feche os olhos e visualize o Deus *Queer* à sua frente. Ele se apresenta a você como um homem jovem de feições andróginas. Em volta de seu pescoço encontra-se uma serpente e, em seu cabelo, uma pena de pavão. Ele é circundado por uma brilhante luz azul e púrpura. Tenha em mente que ele é seu Self Profundo, a corporificação do seu Eu Mágico e Divino que veio se comunicar com você.

Dance com o Deus, celebrando a diversidade. Brinquem com a pena de pavão que ele traz no cabelo. Os olhos da cauda do pavão são os brilhantes centros de concentração da Luz, simbolizando as virtudes espirituais irradiadas pela Deusa no momento da Criação e que o Deus agora lhe presenteia. O desdobramento da cauda do pavão simboliza o desdobramento cósmico da Luz e da Grande Mãe, Seus muitos olhos, Sua onipresença. A pena do pavão traz impressa a própria imagem do Big Bang no momento da Criação; é como uma fotografia do universo.

Converse com o Deus, peça conselhos, abra o seu coração. Permaneça neste estado por alguns minutos e então diga:

> EU ME AMO DA MANEIRA COMO SOU.
> NÃO HÁ NADA QUE EU PRECISE MUDAR.
> EU SEMPRE SEREI A PERFEIÇÃO PARA MIM.
> NÃO HÁ NADA PARA REFORMULAR.
> EU SOU BELO E SOU O MELHOR QUE POSSO SER,
> E ME AMO DA MANEIRA COMO SOU.
>
> EU AMO MEUS SEMELHANTES DA MANEIRA COMO ELES SÃO.
> NÃO HÁ NADA QUE ELES PRECISEM FAZER.
> QUANDO SINTO O AMOR EM MEU INTERIOR, É FÁCIL PERCEBER MEUS SEMELHANTES.
> POR TRÁS DE SEUS MEDOS, ÓDIOS E LÁGRIMAS, EU POSSO VER SUA ESTRELA BRILHANTE, QUE UM DIA ILUMINARÁ SEUS PRÓPRIOS CAMINHOS, EM DIREÇÃO À ACEITAÇÃO E CELEBRAÇÃO DA DIVERSIDADE.
> E EU OS AMO DA MANEIRA COMO SÃO.
>
> EU AMO O MUNDO DA MANEIRA COMO ELE É,
> POIS EU POSSO VER CLARAMENTE QUE TODOS OS ERROS QUE CRITICO, MUITAS VEZES TAMBÉM SÃO COMETIDOS POR MIM.
> ASSIM, ATÉ QUE SURJA O NASCIMENTO DA PAZ E ENTENDIMENTO, QUE SÓ O AMOR PODE TRAZER,
> IREI DAR MINHA PEQUENA CONTRIBUIÇÃO AMANDO TODAS AS COISAS.
>
> EU ME AMO DA MANEIRA COMO SOU.
> NÃO HÁ NADA QUE EU PRECISE MUDAR.
> EU SEMPRE SEREI A PERFEIÇÃO PARA MIM.
> NÃO HÁ NADA PARA REFORMULAR.
> EU SOU BELO E SOU O MELHOR QUE POSSO SER,
> E ME AMO DA MANEIRA COMO SOU.

Cante em honra ao Deus *Queer*, celebrando o reencontro com a verdade de sua alma, em honra a sua presença[12]:

Deus Púrpura
E Estranho
Que abre o coração pro amor

Deus Púrpura
E Estranho
Venha, chamamos você

Deus Púrpura
E Estranho
Que acende a centelha no campo

Deus Púrpura
E Estranho
Nosso sentido e prazer

Deus Púrpura
E Estranho
Esteja em tudo o que eu fizer

Deus Púrpura
E Estranho
Guia-me de volta ao meu ser

Se desejar, acompanhe o cântico com um chocalho, tambor, palmas, sinos, etc. Continue entoando a canção até sentir-se pleno, feliz, transformado.

Para encerrar, agradeça ao Deus e destrace o Círculo como sempre faz.

12 Versão livre feita pelo autor baseada na canção *Purple God* (Deus Púrpura), gravada pelo grupo Lunacy e escrita por Sparky T. Rabbit, pioneiro do Paganismo *Queer* no Estados Unidos.

CAPÍTULO 7

Handfasting

Conforme a lua se eleva
E o oceano quebra
Na areia da costa

Amantes se encontram como um para ser,
Com a Deusa e o Deus
Abençoados

Unidos
Para o tempo roubar
Para o tempo marcar

Os amantes pulam a vassoura abençoada
Sua união é selada
Por um beijo aos ventos.

Os corações dos amantes se tornam um,
Quando o verdadeiro espírito se encontra.

Por StarWolf, 1998

Handfasting, que significa união ou junção das mãos, é como chamamos, na Wicca, o casamento entre duas pessoas. Esse termo foi amplamente utilizado pelos celtas, principalmente entre aqueles que viveram nas terras escocesas e no norte da Inglaterra, para designar a união de um casal.

O *Handfasting* foi proibido pela Igreja Católica em 664 EC[13], mas, nas ilhas britânicas e em boa parte da Europa, permaneceu como uma forma legítima de casamento até tempos recentes. Documentos mostram que, até 1939, essa antiga cerimônia pagã permaneceu como uma forma legal de casamento na Escócia, mesmo contrariando o ato instituído por Lord Hardwicke em 1753, que declarava a legalidade do casamento somente se a cerimônia fosse realizada por um clérigo — obviamente cristão.

Naqueles tempos, o casal poderia se unir por meio do *Handfasting*, tendo testemunhas como prova de sua união legítima. O ritual era então realizado por algum líder da comunidade, como o chefe da tribo, um padre ou um ancião respeitável, e votos eram trocados entre os noivos. A princípio, o *Handfasting* era válido por apenas um ano e um dia, ao final do qual deveria ser renovado para que os votos fossem tomados como promessa de uma união eterna.

Muitos costumes diferentes na celebração do *Handfasting* foram surgindo com o tempo, conforme as culturas foram se tornando mais e mais patriarcais e centradas no poderio masculino. Entre os germânicos, por exemplo, se as duas mãos de um casal fossem unidas pelas fitas ou corda sem que um laço fosse atado, isso representava que a mulher era uma concubina e não poderia reivindicar o nome, herança e propriedades do seu esposo, pois estes pertenciam à esposa oficial. No entanto, seus filhos, se fossem homens, eram considerados herdeiros legais do marido.

Mesmo que atualmente o *Handfasting* seja uma união que não confere legitimidade matrimonial a duas pessoas, pagãos em todo o mundo o celebram como uma cerimônia particular, com significado pessoal e religioso. No entanto, ele pode resultar em um casamento legalmente reconhecido e uma união civil, dependendo das leis aplicáveis a cada estado ou país.

---

13 Em vez de a.C e d.C(antes de depois de Cristo), o autor usa as siglas de marcação do tempo AEC e EC, representando Antes da Era Comum e Era Comum, respectivamente.

O *Handfasting* é um Rito de Passagem, uma vez que assinala a transição no momento da vida de uma pessoa — a passagem de um estágio para outro. As pessoas envolvidas no *Handfasting* saem, então, do círculo dos solteiros para entrar no dos casados. Isso implica novas responsabilidades e expectativas.

Porém, há algo único no *Handfasting*. Nascimento, vida e morte acontecem conosco — temos pouco ou quase nenhum controle sobre essas transformações em nossa vida e teremos, invariavelmente, que atravessá-las cedo ou tarde, celebrando-as, quer as compreendamos ou não. O *Handfasting* é um Rito de Passagem voluntário, uma decisão livre e consciente entre duas pessoas de experienciar uma nova realidade de vida que transformará para sempre suas histórias.

Do ponto de vista social, o *Handfasting* implica o anunciamento dessa nova condição à sociedade, com as bênçãos e o testemunho dos familiares, parentes e amigos. Isso torna-se um ponto de referência não só para os noivos, pois expressa o amor e o apoio das pessoas importantes e amadas nessa nova jornada, mas também para toda a comunidade, reafirmando os laços que as unem.

Do ponto de vista mágico e sagrado, o Rito de *Handfasting* cria e eleva energia, enviando um sinal ao Outromundo, para que essa força possa ser compartilhada, fortalecendo o Universo, todos aqueles que estiverem receptivos a recebê-la e a nós mesmos. Um Rito Sagrado se relaciona com todos os planos de existência, trocando constantemente energia e manifestando que o Microcosmo seja um reflexo do Macrocosmo — e vice-versa.

Planejar um *Handfasting* é muito similar ao planejamento de um casamento convencional, que inclui decidir o local para a cerimônia e festa, convidados, madrinhas e padrinhos, decorações etc.

Um *Handfasting* pode ser tão grande e sofisticado quanto o casal desejar, ou uma cerimônia simples, somente para os familiares e amigos mais íntimos. Para os bruxos solitários, ainda há a opção de o *Handfasting* ser um ritual reservado entre o casal, no qual trocarão votos um com o outro e pedirão as bênçãos dos Deuses.

Quando a cerimônia assume uma característica pública, onde pessoas são convidadas a presenciar e testemunhar a união, as condições sociais convencionam que uma pessoa "creditada" conduza a cerimônia. Se o casal faz parte de um Coven, Grove ou comunidade pagã, a pessoa a realizar o seu *Handfasting* obviamente será o líder do grupo — a sacerdotisa ou o sacerdote —, alguém devidamente preparado para o ato, e eles não terão grandes problemas com isso. No entanto, se o casal for formado por praticantes solitários, com um caminho espiritual estabelecido, poderão solicitar a um sacerdote que conheçam e respeitem para que realize o *Handfasting* e os abençoe perante os Deuses.

Planejar um ritual de *Handfasting* é bastante simples, pois ele pode ser o que os noivos desejarem. Existem livros e sites na internet que poderão ser de grande valia nessa busca e na elaboração da cerimônia. O importante é que o ritual seja significativo para o casal e proporcione um sentimento de sacralidade, bênçãos e honra aos votos trocados.

É importante que o casal pesquise os elementos que farão parte da cerimônia e o simbolismo de cada um. Assim sendo, deverão observar se desejarão utilizar uma aliança ou bracelete para selar a união, as palavras que usarão nos votos, o simbolismo das cores das fitas ou cordas que unirão suas mãos, as tradições populares relacionadas às flores usadas para decorar o local onde a cerimônia se realizará etc.

A introdução das alianças como forma de selar a união de um casal é um costume introduzido pelos cristãos, representando não só a aliança entre os noivos, mas também a aliança destes com Deus. O costume tradicional pagão era a troca de braceletes ou torcs, um antigo tipo de joalheria dos povos celtas. A troca de braceletes e torcs ligava os noivos entre si e reforçava os laços entre o clã e a ancestralidade. Assim, trocar braceletes pode ser uma experiência interessante, que proporcionará uma sensação de tradicionalidade ao rito — mas talvez não seja um sinal social válido de matrimônio para a maioria da sociedade.

Decidir se o casal trocará alianças ou braceletes é um assunto pessoal. Se optarem por usar a aliança como sinal de sua união, a forma dos anéis pode ser facilmente ligada ao Círculo — símbolo da continuidade da vida, sem começo nem fim —, desassociando-o do simbolismo cristão. Essa parte do rito deverá refletir a preferência de cada casal em particular.

A palavra *Handfasting* se origina do costume de unir as mãos de duas pessoas com um laço. Assim sendo, o ato mais importante do *Handfasting* é a união das mãos em algum ponto do ritual com um laço, representando que as duas pessoas se tornam uma só alma e um só coração. É importante notar que as mãos são unidas com um laço e não com um nó, pois isso representa que o casal se uniu por livre vontade, mas é livre para se separar um dia, se assim o desejar — momento em que o laço será desfeito, simbolizando a dissolução da união.

Em algumas versões do rito, as mãos são atadas durante todo o decorrer da cerimônia, até que, ao final dela, um laço seja dado na fita ou corda. Em outras versões, o laço na fita usada durante a cerimônia só é dado após a consumação da união sexual do casal.

Em muitas tradições, são as mãos esquerdas que são unidas durante o ritual. Em outras, os noivos dão primeiro as mãos direitas um ao outro e em seguida a esquerda, formando o lemniscata[14], e então a corda é atada às suas mãos e o laço é dado. Esta posição provavelmente se originou das antigas imagens Indo-européias que representavam a junção do masculino e feminino como gêmeos sagrados, representando a Lua e o Sol.

Os votos trocados representam aquilo que um pode esperar do outro. Este é o motivo pelo qual o *Handfasting* é chamado, algumas vezes, de contrato, pois, de certa forma, é exatamente isso que os votos expressam e estabelecem. Não existe uma fórmula pré-definida para a criação dos votos; eles definem qualquer coisa que os noivos quiserem e puderem cumprir durante a união. Podem ser curtos ou longos, rígidos ou flexíveis, e assim por diante. Algumas pessoas gostam de escrever seus votos em um papel ou pergaminho e, então, entregá-lo ao seu parceiro durante a cerimônia, após lerem seu conteúdo.

Existe um outro costume tradicional e antigo associado ao *Handfasting*: o pulo da vassoura. Essa tradição vem de uma época em que as pessoas não tinham acesso, não podiam ou não queriam uma cerimônia de casamento patrocinada pela Igreja. Elas, então, eram aceitas como um casal por sua comunidade ao pularem uma vassoura colocada no chão.

Essa era uma tradição galesa, chamada de *Priodas Coes Ysgubell*, que significa literalmente "Casamento de Vassoura". A vassoura geralmente utilizada para esse ato era feita de bétula. Nesse tipo de união, a mulher se amasiava com o homem e mantinha sua liberdade, não se tornando propriedade dele. Esses casamentos eram considerados *Cyd-fydio*, que pode ser traduzido como "parceria", e garantiam legitimidade aos filhos nascidos

14 Símbolo do infinito que possui a forma aparente de um 8 deitado.

da união. O casal poderia decidir se separar enquanto o casamento não completasse um ano. Se chegassem a essa conclusão, a união era desfeita simplesmente pulando a vassoura ao contrário.

Com o tempo, o costume de pular a vassoura no *Handfasting* se transformou em uma tradição popular capaz de assegurar a fertilidade e a felicidade do casal, passando a fazer parte integrante de qualquer união matrimonial. O simbolismo claro desse costume se sustenta na forma da vassoura, que representa a união da Deusa e do Deus. As cerdas simbolizam o Sagrado Feminino — o ventre da Deusa, sua vulva —, enquanto o cabo é o símbolo do Sagrado Masculino, o falo do Deus.

Existem muitas variantes deste antigo costume que também podem ser usadas pelo casal para substituir a vassoura como pular um ramo de sempre verde, um buquê de flores, um caldeirão em chamas, um caldeirão com um bastão em seu interior e até mesmo um cálice com um Athame estrategicamente inserido dentro dele[15].

Também é tradição pagã a noiva usar uma guirlanda de flores e o noivo, uma de folhas — costume ligado aos ritos de fertilidade realizados na época primaveril, em que o homem era coroado como o Rei da Primavera e a mulher, como a Rainha.

No período medieval, a cor mais comum para o vestido da noiva era o vermelho, simbolizando o sangue novo, capaz de gerar a vida.

O vestido branco usado pela noiva foi introduzido nas tradições do casamento com o advento da burguesia. Era tido como uma espécie de sinal público que garantia a virgindade da noiva ao futuro marido e, consecutivamente, a legitimidade dos futuros herdeiros. Até então, o noivo, a noiva e os convidados iam à cerimônia com suas melhores roupas, adornados com flores e símbolos ligados à fertilidade.

Hoje, a maioria dos pagãos utiliza roupas medievais ou com aspecto campesino para suas celebrações. Outros ainda, com uma prática religiosa reconstrucionista, preferem vestimentas tradicionais da cultura dos Deuses aos quais reverenciam, procurando reproduzi-las com o máximo de detalhes e da forma mais fiel possível.

15 Simbolizando o Grande Rito, a União da Deusa e do Deus.

Tradições Antigas Que Podem Ser Incorporadas a um Handfasting

Muitos dos costumes tradicionais associados aos casamentos, como jogar arroz sobre os noivos, o bolo, o vinho ou champanhe, a hera no buquê da noiva e o próprio ato de jogar o buquê, são costumes pagãos em suas origens.

Existem muitas tradições populares utilizadas nos casamentos que possuem origem pagã e que podem ser incorporadas a um rito de *Handfasting*.

Mais adiante, daremos um exemplo de ritual que poderá ser usado por um casal que deseja celebrar sua união. No entanto, tal ritual reflete apenas uma das muitas possibilidades disponíveis e serve mais como uma diretriz, para que cada casal crie e redija sua própria cerimônia, refletindo sua visão sobre o Sagrado e suas crenças pessoais. Nenhum dos rituais descritos neste livro precisa ser seguido à risca. Cada praticante é livre para adaptá-los às suas necessidades e possibilidades.

Tendo isso em mente, muitos dos costumes descritos a seguir tornam-se uma fonte de inspiração para aqueles que estão esboçando seu *Handfasting* ou desejam dar seu toque de personalidade ao ritual compartilhado neste livro. O leitor encontrará tradições de casamento de diversas culturas, podendo tomar emprestadas algumas delas — as que mais falarem ao seu coração ou até mesmo aquelas diretamente ligadas à sua etnia:

- Um costume realizado na Dinamarca consiste em o noivo construir um imenso arco de ramos de pinheiro em frente à casa do pai da noiva. Algumas vezes, esse arco é feito com ramos de faia ou carvalho em vez de pinheiro. Isso assegura que a noiva levará fertilidade, força e sucesso para a união ao atravessar o arco ao ir para o casamento.

- Na Idade Média, os ingleses levavam pequenos bolos e os empilhavam sobre a mesa do casamento, um após o outro, formando uma imensa pilha. Quanto maior a pilha, melhor e mais bem-sucedida seria a união. Os noivos eram incitados a se beijar sobre a pilha de bolos sem deixá-la cair. Se tivessem êxito, a união teria vida longa e prosperidade.

- Na Finlândia, as mulheres solteiras dançam em círculo ao redor da noiva, enquanto esperam que ela coloque seu arranjo de cabeça em alguma das garotas. Acredita-se que a sorteada será a próxima a se casar.
- Na Alemanha, é costume a noiva levar sal e pão no bolso, para abençoar a união com os dons da abundância e da fertilidade. Acredita-se que isso trará riqueza e fortuna para o casal. Uma outra antiga tradição alemã envolve espalhar ramos de abeto ao longo do caminho por onde os noivos irão passar após a cerimônia. Isso assegura que seus primeiros passos sejam dados em um caminho mágico, fresco e verde, garantindo fertilidade, esperança e sorte.
- Na Grécia, um costume antigo que sobrevive até os tempos atuais é o noivo e a noiva serem coroados pelo homem mais importante da cerimônia, como uma declaração de que, naquele dia, eles se tornam rei e rainha. Em outra tradição popular grega, a sogra guiava o casal até sua nova casa, acendia a lareira e, em seguida, fazia uma oferenda de doces e nozes ao fogo, para assegurar prosperidade e fertilidade.
- As noivas romanas enfeitavam seus cabelos com flores brancas para atrair felicidade e vida longa à união. Também prendiam ramos de espinheiro nos cabelos, como uma fórmula mágica para afastar maus espíritos e o azar.
- Na Índia, o irmão mais novo do noivo joga pétalas de flores sobre o casal ao término da cerimônia. Trata-se de uma antiga tradição que assegura o banimento de todo o mal da vida do casal. Outro costume indiano inclui o uso de doces, ovos e dinheiro no ritual de casamento. O doce trará a doçura da vida ao casal; os ovos, fertilidade e filhos; o dinheiro, abundância e prosperidade.

- No Havaí, as noivas confeccionam 1.001 garças azuis de origami antes do casamento. As garças azuis são símbolos de fortuna, longevidade, felicidade, fidelidade e paz. O ato de dobrá-las sucessivamente representa a determinação e a paciência necessárias para o êxito de uma relação.
- Na Irlanda, desde tempos antigos, é costume usar lavanda no buquê da noiva. Também é tradição que o noivo trance os cabelos de sua amada — um ato sagrado que retém o poder feminino e traz sorte à união. Essa tradição tem suas origens nos antigos cultos em honra à Deusa Brigit, do lar, da lareira e da família, cujo um dos títulos é "Senhora dos Cabelos Entrelaçados".
- Na Lituânia, é costume presentear os noivos com pão, sal, vinho e mel. O pão e o sal são considerados elementos diretamente ligados à sustentação da vida, sendo ofertados para que os noivos nunca passem fome. O vinho e o mel trarão sorte e alegrias.
- Um costume nativo americano do povo navajo inclui vestir a noiva com as quatro cores sagradas: preto, azul, vermelho e branco. Essas cores representam as quatro nações e direções. Durante a cerimônia, o casal volta-se para o leste e contempla a direção onde o sol nasce. Isso simboliza o nascer de uma nova vida. Também é costume que os noivos lavem as mãos, para se libertarem de todo o mal e dos amores do passado.
- Na Polônia, um costume tradicional inclui fazer um grande círculo de pessoas ao redor da noiva, enquanto sua mãe retira o véu, simbolizando que agora ela se torna uma mulher. O véu é colocado sobre a cabeça da dama de honra, que dança com o homem mais bonito da festa por alguns instantes. Ela passa o véu para as outras damas de honra, que repetem esse ato sucessivas vezes. Acredita-se que a noiva será magicamente abençoada por cada dama que dançar. Também é uma velha tradição polonesa os pais dos noivos compartilharem um pedaço de pão de centeio, sal e um gole de vinho para abençoar o casal.

- Um costume antigo que sobrevive até hoje na Escócia é o noivo colocar um manto ou faixa com as cores e os símbolos do seu clã sobre o ombro da noiva logo após a troca dos votos. Os antigos escoceses acreditavam que uma noiva que se casasse vestida de azul levaria seu amor consigo para todo o sempre. Ao se vestir, ela deveria calçar primeiro o pé direito, para trazer sorte à união, e colocar uma moeda no sapato esquerdo, para atrair prosperidade e fertilidade ao matrimônio.
- Um costume galês, ainda presente em Gales, é a noiva compartilhar as murtas de seu buquê com os convidados, para que sejam plantadas depois. Acreditava-se que, conforme as murtas crescessem, assim também cresceria o casamento — em sorte, fertilidade e prosperidade.

Bolo Para o Handfasting

Um casamento não está completo sem símbolos de fertilidade — e o bolo é um deles.

As origens do bolo de casamento remontam aos antigos romanos, embora naquela época ele fosse bem diferente do que conhecemos hoje. Em vez de um bolo doce e decorado, os romanos usavam um pão simples feito de trigo ou cevada.

A base do bolo é a farinha feita de trigo, que sempre foi considerada um símbolo de fertilidade, abundância e prosperidade. O trigo foi um dos primeiros grãos utilizados para ser lançado sobre os noivos, assim como hoje é feito com a chuva de arroz. Tal tradição sobreviveu entre os romanos até o século I AEC.

Com o passar do tempo, o ritual de lançar sementes de trigo evoluiu para o lançamento do próprio bolo sobre a cabeça da noiva, com o objetivo de trazer boa sorte e fertilidade para a união. Para completar o rito de fertilidade, os noivos deveriam comer parte das migalhas do bolo. Esse costume ficou conhecido como *confarreation*, que significa "comer junto", e era seguido pelo compartilhamento dos *confettos* (origem da palavra "confete"), que consistiam em uma mistura de nozes, frutas secas e amêndoas caramelizadas.

Ao conquistarem as Ilhas Britânicas e terras celtas, os romanos levaram muitos de seus costumes para essas regiões — entre eles, o uso do bolo de casamento.

Esse ritual evoluiu ao longo dos séculos. Na Idade Média, por exemplo, na Inglaterra, era comum que os convidados levassem pequenos bolos ao casamento e os empilhassem em forma de torre; os noivos tentavam se beijar sobre a pilha sem derrubá-la. Isso simbolizava abundância e união — e acredita-se que tenha inspirado o conceito de bolos em camadas.

A tradição do bolo branco com várias camadas, como conhecemos hoje, começou a tomar forma no século 17, principalmente entre as classes mais altas. O açúcar branco era caro e, por isso, o bolo branco simbolizava status e pureza. Com o tempo, a cobertura de glacê foi refinada, tornando-se o chamado "glacê real", e o bolo passou a ser uma peça central nas celebrações matrimoniais.

Hoje, o bolo não é mais usado para ser arremessado, mas sim compartilhado entre os convidados. Analisando simbolicamente, isso possui um significado profundo: o ato de alimentar os convidados simboliza a reafirmação de que os noivos irão nutrir um ao outro com cuidado e amor. O bolo de casamento é tradicionalmente feito com frutas, símbolos da frutificação e da fertilidade da união.

Assim, um bolo para o rito de *Handfasting* transformará a cerimônia não só em uma celebração mais doce, mas também garantirá as bênçãos de êxito e felicidade para a união.

Abaixo fornecemos uma receita de bolo para *Handfasting*, que poderá ser utilizada. No entanto, qualquer receita de bolo é apropriada para sua confecção, já que o item mais importante é a farinha de trigo.

Ingredientes:

- 8 ovos
- 1/2 kg de manteiga
- 4 canecas de açúcar
- 6 canecas de farinha de trigo
- 2 canecas de leite
- 6 colheres de chá de fermento
- 2 colheres de sopa de raspa de limão
- 1 colher de chá de água de rosas

- 1 pitada de manjericão
- 6 folhas frescas de gerânio rosa
- Glacê
- Pêssegos em calda, morango, figo, uvas, maçãs fatiadas
- Suco de maçã

MODO DE PREPARO:

Bata os ovos com a manteiga e o açúcar até ficar cremoso. Junte, alternadamente, a farinha de trigo (peneirada com o fermento) e o leite. Misture então todos os outros ingrediente. Asse em forno quente, numa forma untada e polvilhada com farinha de trigo.

Quando o bolo estiver assado desenforme e deixe esfriar. Molhe-o com o suco de maçã, cubra com o glacê e enfeite com as frutas.

Rito de Handfasting

A seguir, encontra-se um exemplo de *Handfasting* que pode ser usado para selar a união entre duas pessoas.

Materiais Necessários:

- Os Instrumentos usuais para o altar
- 1 guirlanda de flores para a noiva
- 1 guirlanda de folhas para o noivo
- 1 badeja com as alianças e as fitas para unir as mãos
- Pétalas de rosas para fazer um círculo no chão
- Estátuas de Deuses do amor e fertilidade
- Vassoura decorada com fitas e flores
- Flores e outros objetos de decoração que o casal julgar apropriado

Melhor Momento:

Muitas são as crenças sobre o melhor momento para a realização de um *Handfasting*.

Antes de falarmos sobre o melhor período astrológico para a realização da cerimônia, vamos considerar, em termos sazonais, quais são as fases tradicionalmente mais nefastas para a celebração de uma união.

A primeira delas é Beltane, que há muito tempo é considerada a época em que ocorre o casamento sagrado da Deusa e do Deus. Assim sendo, na Roda do Ano, o período que vai de Beltane até Litha não é tido como favorável para celebrações de uma união matrimonial, pois é reservado para a união do Divino.

Há uma tradição Wiccaniana que orienta não realizar iniciações e rituais importantes no período que vai de Samhain a Imbolc. Até a chegada de Yule, os poderes do Sol encontram-se em sua fase decrescente mais crítica. A partir dessa data, o Sol começa a retomar sua força e, quando chega Imbolc, toda a vida é renovada com os poderes regeneradores do astro, assegurando a chegada de um novo tempo. A partir de então, a natureza encontra-se em um momento receptivo para compartilhar suas bênçãos e energia com o casal.

Em termos lunares, o melhor período para a celebração de *Handfastings* vai do terceiro dia da lua nova até o plenilúnio. Os melhores dias da semana são a sexta-feira e a segunda-feira, dias de Vênus e da Lua, respectivamente.

Preparações Preliminares:

Em algum momento, nos dias que antecedem ao *Handfasting*, os noivos devem escolher suas madrinhas e padrinhos. O número apropriado de padrinhos está diretamente ligado à proporção da cerimônia ou ao desejo do casal. Cada noivo pode ter quantos padrinhos desejar. No entanto, quatro pessoas — um par para a noiva e outro para o noivo — são o suficiente. Cada um dos padrinhos representará um elemento da natureza.

Tradicionalmente, água e terra são considerados elementos femininos e serão representados por mulheres. Fogo e ar são tidos como masculinos e serão representados por homens. Essa afirmação, é claro, aplica-se aos noivos que desejarem levar em consideração a correspondência de polaridades, pois qualquer pessoa pode representar um elemento, independentemente de gênero. Em *Handfastings* de gays, lésbicas ou naqueles em que os noivos desejam convidar um casal homossexual para serem seus padrinhos, esta parte da cerimônia pode — e deve — ser facilmente adaptada, assim como qualquer outra descrita aqui que estabeleça um gênero específico para desempenhar determinada função. Isso também é válido quando os próprios noivos forem homossexuais.

Na semana em que o *Handfasting* ocorrer, os noivos poderão se preparar para o ritual tomando banhos mágicos que favoreçam as energias de fertilidade e amor.

Os mais apropriados são aqueles que levam ervas associadas a Vênus, como rosas, murta, jasmim, canela, lótus ou qualquer outra planta ligada a esse planeta.

Enquanto se banham, os noivos devem visualizar todos os seus desejos, para que a união seja feliz, harmônica, tranquila e bem-sucedida em todos os aspectos.

Eles poderão também confeccionar um óleo mágico, tendo como base 30 ml de óleo de sementes de uva, acrescido de 19 gotas de óleo essencial de verbena, 10 gotas de óleo essencial de madeira de sândalo,

6 gotas de óleo essencial de rosas e 6 sementes de cumaru. Esse óleo será utilizado para ungir o corpo, especialmente o chacra cardíaco, todos os dias antes de dormir.

Ao se ungirem, os noivos deverão refletir sobre a união: quais alterações ela estabelecerá na vida de ambos, o que o casamento significa para eles e para a comunidade, o que podem esperar um do outro e como deverão agir individualmente para que a união seja coroada de felicidade.

O Dia da Cerimônia

Neste dia, os noivos deverão confeccionar individualmente as guirlandas que serão usadas no ritual.

Como dito anteriormente, tradicionalmente a guirlanda da mulher é feita de flores, e a do homem, confeccionada com folhagens verdes.

Fazer uma guirlanda é algo extremamente simples, requer apenas um pouco de habilidade e criatividade.

A forma mais simples de confeccioná-la é entrelaçando ramos verdes de salgueiro, de modo a formar uma circunferência que, logo em seguida, deverá ser enfeitada com flores ou, no caso do homem, pequenos galhos de louro, ficus ou ramos de qualquer outra árvore verde. A circunferência da guirlanda deverá ter a medida da cabeça da pessoa que irá usá-la, pois deve se encaixar perfeitamente.

Outra maneira fácil e prática é utilizar uma circunferência de arame do tamanho da cabeça e, então, envolvê-la com flores ou folhagens, que são atadas ao redor com fio de náilon.

Enquanto confeccionam as guirlandas, os noivos deverão pedir aos Deuses que abençoem o objeto feito, para que traga felicidade e bênçãos à união. Ao final, deverão consagrar a guirlanda por meio dos quatro elementos, para que ela esteja devidamente purificada e abençoada para ser usada no Handfasting.

Também deverão escrever seus votos em um pergaminho ou folha de papel, para serem lidos durante o ritual.

Preparação do Círculo

O Círculo deverá ser preparado pela comunidade espiritual do casal, enquanto eles se preparam para a cerimônia em uma sala ou quarto isolado. Não é necessário que os noivos não se encontrem antes da cerimônia, a menos que desejem isso para dar mais emoção ao momento.

O altar deverá ser decorado com flores, símbolos e estatuetas de Deuses do amor e da fertilidade. As cores da decoração devem ser predominantemente ligadas a Vênus, como rosa, azul-claro, verde, tons lácteos, vermelho, entre outras.

Um círculo formado com pétalas de rosas poderá ser feito ao redor do local onde a cerimônia será realizada. Sobre o altar, em um local de destaque, deverão estar, em uma bandeja decorada com flores e pétalas de rosas, as alianças do casal e as fitas a serem usadas para unir as mãos. As cores das fitas deverão ser nas cores do signo[16] da noiva e do noivo e deverão ter a medida que vai do cotovelo ao dedo médio de quem elas representam.

Uma vassoura, decorada com flores e fitas, deverá estar posicionada em algum lugar estratégico para ser utilizada no momento apropriado.

Os quatro Instrumentos Mágicos (Pentáculo, Athame, Bastão e Cálice) não irão compor a decoração inicial do altar. Eles deverão permanecer sob posse dos padrinhos dos noivos, que os trarão para o interior do Círculo junto com eles.

Assim, a pessoa que representa o elemento Terra entrará no Círculo portando o Pentáculo; aquela que representar o Ar entrará com o Athame; quem representa o Fogo trará o Bastão; e a pessoa que simboliza a Água portará o Cálice.

O Ritual

O Círculo é lançado de maneira habitual, sem a presença dos noivos e padrinhos.

Quando o lançamento do Círculo for completado, o oficiante do ritual toca o sino três vezes e abre um portal para que o casal entre.

Cada noivo adentra o espaço sagrado acompanhado de seus padrinhos e, então, dirigem-se à frente do altar.

16 Vide Compêndio.

O oficiante diz:

> Sejam bem-vindos, amigos e familiares.
> Sejam bem-vindos os que estão aqui em corpo e os que se juntam a nós em espírito.
> Estamos reunidos neste dia para demonstrar nosso apoio e carinho a (dizer o nome dos noivos), que se unem a nós neste dia num rito de amor.
> Hoje, eles estão aqui para pedir as bênçãos dos Deuses e dos homens nesta nova etapa de suas vidas.
> Que o coração de todos nós abençoe esta união e consagre este espaço com o nosso amor, que agora compartilhamos e que se torna o Guardião e Protetor do que é celebrado neste dia.

O padrinho que representa o elemento Terra se adianta com o Pentáculo. Ele eleva o símbolo em direção ao ponto cardeal Norte e o apresenta aos noivos, dizendo:

> Este é o símbolo da Terra, a fundação e sustentação da vida.
> Este é o símbolo da Terra, que se apresenta aos homens como a tranquilidade, consistência e sabedoria.
> Este é o símbolo da Terra, que trará a esta união as raízes do amor, para crescerem fortes e profundamente em seus corações, abençoando-os com força e conhecimento.
> Vocês prometem buscar a força necessária para vencer os momentos de dificuldade e restrição?

Os noivos respondem apropriadamente.

O padrinho da Terra toca a cabeça, o ombro direito e o ombro esquerdo de cada noivo com o Pentáculo, que em seguida é beijado por eles, enquanto ele diz:

> Então aceitem as bênçãos e dons dos Espíritos do Norte, para que esta união seja frutífera e próspera, e para que o seu amor brilhe por toda a Terra.

O padrinho passa o Pentáculo para o oficiante, que o coloca sobre o altar ao Norte.

Em seguida, o padrinho que representa o elemento Ar se adianta com o Athame. Ele eleva o instrumento em direção ao ponto cardeal Leste e o apresenta aos noivos, dizendo:

> Este é o símbolo do Ar, o sussurro de inspiração da vida.
> Este é o símbolo do Ar, que se apresenta aos homens como a inteligência, os pensamentos e as palavras.
> Este é o símbolo do Ar, que trará a esta união o sopro do amor, para que a beleza de suas mentes seja constantemente percebida, abençoando-os com entendimento e aprendizado.
> Vocês prometem buscar o conhecimento necessário para atravessar as muitas estações sem que o seu amor pereça?

Os noivos respondem apropriadamente.

O padrinho do Ar toca a cabeça, o ombro direito e o ombro esquerdo de cada noivo com o Athame, que em seguida é beijado por eles, enquanto ele diz:

> Então aceitem as bênçãos e dons dos Espíritos do Leste, para que esta união se torne a canção da felicidade a cada nascer do Sol.

O padrinho passa o Athame para o oficiante, que o coloca sobre o altar ao Leste.

O padrinho que representa o elemento Fogo se adianta com o Bastão. Ele eleva o instrumento em direção ao ponto cardeal Sul e o apresenta aos noivos, dizendo:

> Este é o símbolo do Fogo, a luz que brilha em cada ser.
> Este é o símbolo do Fogo, que se apresenta aos homens como a força criativa da vida, o vigor e a luz que dissipa as trevas da ignorância.

Este é o símbolo do Fogo, que trará a esta união a centelha da paixão e o beijo do desejo, abençoando-os com a vitalidade e a sensualidade que nunca se apagarão.
Vocês prometem buscar ultrapassar as barreiras das mudanças do tempo sem que a chama do seu amor se extinga?

Os noivos respondem apropriadamente.

O padrinho do Fogo toca a cabeça, o ombro direito e o ombro esquerdo de cada noivo com o Bastão, que em seguida é beijado por eles, enquanto ele diz:

Então aceitem as bênçãos e dons dos Espíritos do Sul, para que esta união se torne a radiância da paixão e do prazer que se autorrenova.

O padrinho passa o Bastão para o oficiante, que o coloca sobre o altar ao Sul.

Agora, o padrinho que representa o elemento Água se adianta com o Cálice. Ele eleva o instrumento em direção ao ponto cardeal Oeste e o apresenta aos noivos, dizendo:

Este é o símbolo da Água, o lúcido sonho da vida.
Este é o símbolo da Água, que se apresenta aos homens como a compaixão, a verdade da alma e as marés da vida.
Este é o símbolo da Água, que trará a esta união a doçura do olhar e a transparência do amor, abençoando-os com sentimentos profundos e a pureza da alma.
Vocês prometem buscar vencer os fluxos e refluxos da vida e ainda assim continuarem sendo uma fonte inesgotável de companheirismo?

Os noivos respondem apropriadamente.

O padrinho da Água toca a cabeça, o ombro direito e o esquerdo de cada noivo com o Cálice, que em seguida é beijado por eles, enquanto ele diz:

Então aceitem as bênçãos e dons dos Espíritos do Oeste, para que esta união se torne o cálice da fertilidade e restauração.

O padrinho passa o Cálice para o oficiante, que o coloca sobre o altar ao Oeste.

O oficiante então diz:

Que esta união seja abençoada com os dons da Terra:
A firme fundação sobre a qual seu amor será construído;
A fertilidade dos campos, que enriquecerá sua vida;
O lar seguro para onde vocês sempre retornarão.

Que esta união seja abençoada com os dons do Ar:
A comunicação do coração, da mente e do espírito;
Os novos inícios que nascem a cada levantar do Sol;
O conhecimento que cresce através do compartilhar.

Que esta união seja abençoada com os dons do Fogo:
O calor da lareira e do lar;
O pulsar do coração;
A luz do seu amor para iluminar os tempos difíceis.

Que esta união seja abençoada com os dons da Água:
O frescor da chuva;
O compasso do mar;
As lágrimas do amor e da dor que levam embora a tristeza.

O oficiante volta-se para os noivos e diz:

Honrar a palavra é reafirmar nossas escolhas.
É honrar a si mesmo, abençoando o caminho que decidimos trilhar.

Assim, hoje estamos aqui unidos através do amor, para ouvir e testemunhar os votos que (dizer o nome dos noivos) farão um ao outro como símbolo da verdade e do amor de sua união.

É chegada a hora dos noivos trocarem seus votos. Eles então dizem palavras espontâneas ou leem um para o outro uma declaração de amor escrita previamente.

O oficiante eleva as alianças de forma que todos possam vê-las. Ele as apresenta para os quatro pontos cardeais, enquanto pede mentalmente as bênçãos dos elementos, e então diz:

O poder do Círculo reside em tudo na vida.
O céu é redondo, assim como a Terra e as estrelas.
Os pássaros fazem seus ninhos em círculos, e o Sol se eleva e se põe em círculo a cada dia.
Até mesmo as estações do ano formam um grande círculo em seu ciclo ininterrupto, sempre retornando, nos dando a segurança de tempos de colheita, crescimento e abundância.
A vida também é um grande círculo, sem começo nem fim.
Hoje, uma semente de amor é plantada, e assim o círculo desta união se inicia.
Que, dessa semente de amor, cresçam botões e jardins,
Trazendo a flor da esperança
Que compartilhará com vocês o doce perfume.
Que a cada dia este jardim floresça,
E o círculo cresça, enquanto caminham de mãos dadas.

Os noivos colocam a aliança um no outro, enquanto o oficiante diz:

Estas alianças possuem a forma de um círculo e, como ele, não têm começo nem fim — sempre a girar —, lembrando-nos de que tudo se inicia, termina e começa outra vez.

QUE, AO OLHAREM PARA SUAS MÃOS NO FUTURO, ESTAS ALIANÇAS POSSAM LEMBRÁ-LOS DE QUE, QUANDO A ESCURIDÃO AMEAÇAR VENCÊ-LOS, O CÍRCULO GIRARÁ UMA VEZ MAIS, TRAZENDO A FORÇA DO AMOR QUE DISSIPARÁ AS TREVAS, TRAZENDO A LUZ.

O oficiante pede que os noivos juntem os pulsos da mão esquerda, e então passa as duas fitas ao redor deles, dando um laço, enquanto diz:

AGORA VOCÊS NÃO SENTIRÃO NENHUMA CHUVA, POIS UM SERÁ O ABRIGO DO OUTRO.
AGORA VOCÊS NÃO SENTIRÃO NENHUM FRIO, POIS UM SERÁ O CALOR DO OUTRO.
AGORA NÃO HAVERÁ MAIS SOLIDÃO.
O QUE FOR TOCADO POR SUAS MÃOS SERÁ TOCADO PELAS MÃOS DO AMOR.
COMO UNIMOS ESTAS MÃOS, UNIMOS TAMBÉM SUAS VIDAS.
A PARTIR DE AGORA, VOCÊS ESTÃO UNIDOS PELO AMOR E TORNAM-SE UMA SÓ ALMA E UM SÓ CORAÇÃO.
QUE ASSIM SEJA, E QUE ASSIM SE FAÇA.
ABENÇOADOS SEJAM!

O oficiante retira o laço com cuidado, sem desfazê-lo, e o entrega aos noivos, instruindo que ele deve ser guardado com carinho e só deverá ser desfeito em um ritual de *Handparting*, caso decidam romper o compromisso estabelecido.

O oficiante entrega o Athame ao noivo e o Cálice à noiva, e então o Grande Rito é realizado.

Os noivos são cumprimentados pelos padrinhos e convidados.

Após os cumprimentos, a vassoura é colocada no centro do Círculo, e os noivos a pulam enquanto todos repetem:

"PULA... PULA... PULA..."

O Círculo Mágico é destraçado normalmente, e o banquete é celebrado com festa, dança e música.

Handparting

Quando a confiança entre um casal é quebrada de forma irremediável, ou quando o coração, antes pulsante de amor, já não vibra mais na mesma sintonia, é chegada a hora de se despedir. Encerrar uma união não significa um fracasso, mas sim a aceitação madura de que certos ciclos chegam ao fim — e isso faz parte da grande dança da vida.

A Wicca, como religião que honra os ritmos naturais do universo, compreende com serenidade e sabedoria que tudo o que nasce, inevitavelmente vive, transforma-se e morre. Assim também é com os relacionamentos humanos, que um dia florescem em amor, cumplicidade e verdade, mas que podem, com o tempo, perder o brilho, a conexão e o sentido profundo que os unia.

Diferente de muitas tradições religiosas que veem o fim de um matrimônio como um fracasso ou pecado, a Wicca acolhe com naturalidade a separação entre duas almas que, por razões diversas, já não podem ou não desejam mais seguir juntas. Para esses momentos, existe um ritual específico e sagrado: o *Handparting*, que significa, literalmente, a "separação das mãos".

O *Handparting* é o complemento ritualístico do *Handfasting* — a união das mãos e das almas. Nesta cerimônia de despedida, os votos outrora trocados são gentil e respeitosamente anulados. O laço simbólico que outrora uniu as mãos do casal é desfeito em um gesto solene. As fitas que foram conservadas como testemunhas daquela união podem ser queimadas, enterradas ou devolvidas à natureza, devolvendo ao mundo o que um dia dele se recebeu com amor.

Este ritual não é apenas um gesto simbólico, mas um profundo ato de libertação energética, emocional e espiritual. Ele dissolve os vínculos cármicos e psíquicos, permitindo que cada um dos envolvidos siga seu caminho com leveza, dignidade e beleza, em busca de uma nova etapa de autodescoberta e felicidade.

Segundo uma antiga Tradição dentro da Wicca, a grandiosidade do *Handparting* deve refletir a magnitude do *Handfasting* original. Se a união foi celebrada com alegria, testemunhas e ritual, então a separação também deve ser celebrada, com respeito e solenidade, diante dos mesmos familiares, amigos e Oficiantes. Isso porque, para os Wiccanianos, todos os ciclos — o início, o meio e o fim — merecem ser honrados. Não se trata de luto, mas de celebração da transformação, da coragem de reconhecer o fim e da abertura para o novo.

Contudo, reconhece-se também que o fim de uma relação pode vir acompanhado de dor, conflitos e inseguranças, e nem sempre o casal se encontra em condições de realizar uma cerimônia pública. Nestes casos, o *Handparting* pode ser realizado de maneira mais íntima, apenas entre os dois envolvidos, em um espaço sagrado e silencioso, onde, com sinceridade e respeito, declaram aos Deuses e ao Universo a dissolução da união e o fim dos laços que os conectavam.

O essencial é a intenção clara e honesta de ambos os parceiros: reconhecer o encerramento do ciclo e libertar-se mutuamente com amor e compaixão. Assim, cada um poderá seguir adiante, levando consigo os aprendizados, as alegrias vividas e, sobretudo, o respeito pelo caminho compartilhado — por mais breve ou longo que tenha sido.

A seguir, apresentamos um exemplo simples e respeitoso de um ritual de *Handparting*, que pode ser utilizado por casais que se uniram através do rito de *Handfasting* e agora escolhem, em consciência e harmonia, trilhar caminhos distintos.

Rito de Handparting

Materiais Necessários:

- Os Instrumentos e decoração habitual do altar
- 1 pires com sal
- Incensos de cipreste
- 1 vela vermelha
- Cálice com água
- Laço do amor atado no *Handfasting*
- Comida para o banquete
- Folhas secas

Procedimento:

O altar deverá estar disposto de forma usual, com seus respectivos Instrumentos Mágicos e demais utensílios.

O pires com sal ficará no ponto cardeal Norte, os incensos de cipreste ao Leste, a vela vermelha ao Sul e o cálice com água ao Oeste, representando respectivamente Terra, Ar, Fogo e Água.

O Laço do Amor, atado no dia do *Handfasting*, deverá estar sobre o Pentáculo, em cima de folhas secas.

O Círculo Mágico é traçado de maneira habitual.

O oficiante diz:

A vida segue ciclos naturais.
Estes ciclos se sustentam nos Mistérios do nascimento, da vida e da morte.
Tudo o que nasce, um dia morrerá, mas, através do Grande Mistério, poderá renascer novamente, em uma nova forma, em um novo tempo.
E assim, a Roda gira.

O oficiante toca o sino três vezes e então diz:

Vocês estiveram unidos através do amor por um longo tempo.
Mas até mesmo o amor se transforma e chega ao fim.
O amor entre vocês terminou?

O casal responde apropriadamente.

O oficiante prossegue:

OS DEUSES NOS ENSINAM E NOS FORTALECEM ATRAVÉS DO PRAZER E DA DOR. SUAS LIÇÕES FORJAM NOSSA ALMA, NOS TRANSFORMAM E NOS APROXIMAM DA TOTALIDADE.
O QUE VOCÊS APRENDERAM COM A LIÇÃO DOS DEUSES?

Cada um responde espontaneamente, compartilhando o que aprendeu durante o tempo em que estiveram juntos.

Ao final, o oficiante diz:

AS LIÇÕES DOS DEUSES SERVEM PARA NOS MOSTRAR QUE, NESTA VIDA, NÃO HÁ AMIGOS NEM INIMIGOS.
ASSIM, TODOS OS QUE CRUZAM NOSSOS CAMINHOS SÃO NOSSOS PROFESSORES.
OLHEM UM PARA O OUTRO E HONREM OS ENSINAMENTOS QUE RECEBERAM.
OLHEM PARA SEU PROFESSOR E AGRADEÇAM A LIÇÃO COMPARTILHADA ATRAVÉS DO AMOR E DA DOR.

O casal se olha nos olhos e, com palavras espontâneas, cada um agradece os ensinamentos e o que aprendeu com o outro.

O oficiante eleva o Laço atado no *Handfasting* e diz:

ESTE É O LAÇO QUE OS UNIU ATÉ ESTE MOMENTO.
É HORA DE DESFAZÊ-LO.
É HORA DE DEIXAR IR.
É HORA DE TRANSFORMAR O AMOR EM AMIZADE.
UMA ETAPA TERMINA, MAS UMA NOVA COMEÇA.
A RODA GIRA E NADA PERMANECE COMO ERA ANTES.

O oficiante desata o laço e, ao final, diz:

O laço foi desfeito.
E livres vocês estão.

As fitas do laço são queimadas no caldeirão, junto com as folhas secas. Enquanto isso, todos permanecem em silêncio, contemplando as chamas e meditando sobre o ritual.

Quando as fitas forem completamente consumidas pelo fogo, o oficiante joga algumas pitadas de sal sobre os dois, dizendo:

Sejam livres da ira.

O oficiante os fumiga com o incenso e diz:

Sejam livres da aversão.

O oficiante passa a chama da vela ao redor dos dois, dizendo:

Sejam livres do desejo.

O oficiante respinga algumas gotas de água sobre os dois, dizendo:

Sejam livres da mágoa.

O oficiante recolhe as cinzas das fitas no interior do caldeirão e as sopra sobre o casal, dizendo:

E renasçam para uma nova vida.

O banquete é realizado e o ritual é finalizado com o Círculo sendo destraçado como de costume.

CAPÍTULO 8

Croning e Saging, Celebrando a Terceira Idade

Lua sobre a água, você se eleva
em meu coração.
O vento fresco está soprando pelas
mudanças da minha vida.
Lua sobre a água, fluindo
através dos meus dias.
No silêncio da noite, eu vejo sua face.

Mãe Anciã, teus olhos envolvem minha
criança com seu abraço suave,
Conforme eu sinto as
mudanças da minha vida.
Eu guardo sua sabedoria, semeio suas
sementes, os dons da mulher.
Oh, Mãe do Coração, Mãe Anciã,
Mãe do Coração, Mãe Anciã.

Mãe Anciã, eu teço meu caminho
através da minha teia.
Que eu possa buscar seus caminhos e
honrar seu repouso.
Conforme eu caminhar em seus passos,
Possam minhas filhas caminhar
através dos meus.
Possam seus filhos ser preenchidos pela
sua paz e amor.

Sobre o amanhecer, eu descanso
em seus braços.
Eu sinto os fluxos e refluxos das minhas marés.
Sobre o amanhecer, você
chama a minha alma.
Conforme as estações mudam, eu
caminho ao seu lado.

Mãe Anciã, guie-me pelas
sombras da minha vida,
Para que eu veja a beleza que se
transforma em mim.
Eu me abrigo em seu silêncio, sinto os
caminhos da vida e da morte.
Oh, Mãe do Coração, Mãe Anciã,
Mãe do Coração, Mãe Anciã.

Gyan McDonald, 1995

A Roda da Vida, celebrada na Wicca, está em constante mudança. Nela, a vida se apresenta em suas múltiplas possibilidades. Todos os ciclos da Roda são honrados, pois todos são importantes no nosso processo de busca pela totalidade.

Nos muitos giros da Roda, os rituais que celebram o processo inicial de entrada de uma pessoa na terceira idade desempenham um papel muito importante.

Nas culturas ancestrais, os mais velhos eram respeitados por seu conhecimento e sabedoria. Eles eram reverenciados como a memória viva do mundo e os Guardiões da sabedoria ancestral de sua cultura.

Conforme a humanidade foi avançando e assumindo novos valores, o papel do idoso foi alterado. Hoje, nossa cultura não os venera mais por sua sabedoria, mas os despreza, colocando-os em segundo plano na sociedade e em termos de prioridades.

Com a cultura capitalista e consumista que criamos, a idade ideal para o mercado de trabalho diminui a cada dia, promovendo uma verdadeira exclusão social que priva as pessoas de sua dignidade e de melhores condições de vida. Isso resulta em danos psicológicos profundos, com os quais a pessoa terá de lidar durante o decorrer de sua velhice, desencadeando depressão, perda da autoestima e da autovalorização, entre outros.

Nossa própria sociedade moderna pouco se esforça para demonstrar respeito e consideração pela terceira idade. Isso se expressa nas palavras usadas nos dicionários para exprimir ideias semelhantes ao termo "idoso": senil, antigo, bolorento, mofado, arcaico — são alguns dos muitos sinônimos depreciativos utilizados.

Há um pensamento comum de que a aposentadoria de alguém se refere à estagnação de todos os setores de sua vida, inclusive sua capacidade de pensar, ponderar e aconselhar. Isso faz, muitas vezes, com que os idosos se sintam inaptos para a vida doméstica, para tomar decisões e se engajar em movimentos políticos e sociais. O pensamento dominante é o de que, se uma pessoa é idosa, ela é, consequentemente, ultrapassada e deve ser anulada.

Hoje, a velhice parece ser inaceitável para as pessoas que buscam incessantemente cirurgias plásticas e tratamentos, muitas vezes extremamente agressivos, para manter a aparência de uma idade mais jovem.

Esse posicionamento da cultura é também um reflexo psicológico: ao segregar a velhice e os nossos anciãos, perpetuamos o reino da juventude eterna, esquecemos nossa mortalidade humana e continuamos alimentando a ilusão de invencibilidade e eternidade.

A exclusão de nossos idosos promove a intolerância, sem permitir perceber que os jovens de hoje serão os anciãos de amanhã. Assim sendo, todos serão prejudicados, cedo ou tarde.

Este é um dos motivos pelos quais o retorno aos Ritos de Passagem é tão importante nessa fase da vida — e não apenas durante a infância e adolescência.

Precisamos curar nossos anciãos, ao mesmo tempo que nos curamos da síndrome da juventude eterna, que é apenas uma ilusão, uma visão distorcida e equivocada da realidade.

Precisamos, novamente, celebrar a sabedoria das mulheres e dos homens idosos da atualidade, através de rituais quase esquecidos nas brumas do tempo.

Em termos pagãos, tornar-se velho significa tornar-se sábio, e os Ritos de Passagem que celebram esse estágio refletem essa condição.

As mulheres possuem uma porta de entrada irrevogável para sua fase de Anciã: a menopausa.

Todos os outros mamíferos possuem a habilidade de procriar até os últimos dias de suas vidas. Os seres humanos são únicos no evento da menopausa.

Mesmo que a menopausa demore anos para atingir seu processo final, ela simboliza o início dessa jornada. É um processo gradual.

Uma mulher pode sentir seus sintomas por anos antes de eles se concretizarem, e também pode passar pela experiência de ver suas menstruações se tornarem cada vez mais espaçadas, até cessarem completamente. Isso geralmente ocorre entre os 40 e 50 anos.

Nesse período, as energias do aspecto da Deusa como Anciã começam a atuar intensamente na mulher.

Nessa fase, a Mãe olha para trás e observa os diferentes estágios pelos quais passou, que expressam os muitos aspectos que a Deusa nos apresenta. Agora, a mulher olha para o passado, pode vislumbrar o futuro e, mesmo assim, manter-se firmemente centrada no presente. Essa habilidade só pode ser alcançada com a sabedoria — que apenas o tempo pode trazer.

Como todos os outros Ritos de Passagem, o *Croning* — como chamamos a celebração da menopausa — é uma parte importante no resgate da celebração dos ciclos da vida.

Além de expressar a reafirmação da importância do indivíduo em sua comunidade social e espiritual, a celebração da menopausa leva a mulher a uma reflexão sobre sua vida e nova condição.

Muitas mulheres sofrem ao passar por esse período, pois a menopausa acontece muitas vezes no auge de sua carreira.

Em uma sociedade focada no culto à juventude, a menopausa é sinônimo de velhice. Quando ela chega, a mulher começa a reavaliar sua vida, ao mesmo tempo em que percebe que sua juventude está passando.

Nesta fase, muitas mulheres já têm filhos crescidos, que não necessitam mais de seus cuidados em tempo integral.

No entanto, se ainda possuem pais vivos, eles passam a demandar mais atenção.

A perda de familiares idosos e amigos de longa data começa a ocorrer com mais frequência neste período da vida, levando a mulher a se defrontar com um tema temido por nossa sociedade moderna: a morte.

Assim, a menopausa torna-se um período de intensas perdas físicas e emocionais: da vida reprodutiva, do trabalho, do papel de mãe, da beleza, de pessoas queridas e importantes.

É vital que a mulher se perceba não como alguém que envelheceu e precisa de reposições e reformas, mas como alguém que carrega consigo uma história de vida: amigos, trabalho, filhos, alegrias, realizações, medos e esperanças.

A entrada na fase da Anciã traz, portanto, um repensar de sua nova condição — a aceitação dos fatos e das transições da vida em um momento de grandes mudanças físicas e emocionais.

Antigamente, as mulheres eram apoiadas para atravessar essa transição, e esse evento era celebrado, permitindo que fossem reverenciadas por sua experiência e sabedoria.

Ao atingir esse estado, eram vistas como Anciãs — alguém a quem todos poderiam recorrer em busca de auxílio.

Nas culturas ancestrais da Terra, todas as mulheres Anciãs eram chamadas de Avós, enquanto aquelas que ainda não haviam passado pela menopausa eram nomeadas de Filhas — representando que as jovens aprendiam, enquanto as mais velhas ensinavam.

Era tarefa das Anciãs ensinar como nutrir uma nova vida, aprender a ouvir e a ponderar, buscar soluções equilibradas e justas para todos os aspectos da existência.

Gerações e gerações vivenciaram esse tipo de aprendizado, mas hoje a sabedoria dos mais experientes é deixada de lado e ignorada.

Os velhos caminhos foram esquecidos — não apenas no campo religioso, mas também no processo de preparação das pessoas para a vida.

A sabedoria da Anciã é ignorada em um mundo onde o trabalho e os bens materiais definem quem somos, do que devemos nos orgulhar e o que podemos oferecer aos outros.

A sociedade atual não reconhece o valor das pessoas por quem elas foram, pelo que representaram ou por tudo o que ainda podem e sempre poderão compartilhar: sua sabedoria.

Os antigos povos viam esse momento como sagrado.

Acreditavam que o sangue, que até então era vertido mensalmente à Terra para gerar a vida, ascenderia para a cabeça da mulher, conferindo-lhe conhecimento profundo sobre os Mistérios da Vida e uma sabedoria ilimitada.

Podemos buscar as origens da palavra *Crone* (anciã, em inglês) nas mesmas raízes da palavra *Crown* (coroa).

Essa associação permanece viva até hoje, quando o termo "coroa" é usado para nomear uma mulher de idade avançada.

A coroa a que nos referimos é a da sabedoria — o símbolo da coroação da mulher como Senhora da Vida e de seus Mistérios, Guardiã da sabedoria oculta e ancestral da Deusa.

Para o homem, os sinais de entrada em sua fase de ancião são mais abstratos e difíceis de serem identificados.

Não há uma indicação específica que marque essa transição.

Na Wicca, o ritual que honra a sabedoria adquirida por um homem com a idade se chama *Saging* e ocorre, tradicionalmente, por volta dos 65 anos.

No entanto, esse Rito de Passagem pode ser realizado quando o homem se sentir confiante e pronto para aceitar sua nova posição perante a vida e a sociedade.

Nos tempos antigos, esse ritual era celebrado quando o homem deixava de lutar e caçar, passando a transmitir seus conhecimentos à nova geração — momento em que passava a integrar o conselho de anciãos de sua tribo ou clã.

Na sociedade atual, talvez o momento mais apropriado para esse rito seja quando o homem se retira das atividades diárias do trabalho.

Esse Rito de Passagem é essencial para que ele se sinta útil e apoiado em seu novo momento de vida, percebendo que ainda tem muito a compartilhar, através de suas novas atribuições perante a comunidade e a sociedade em que vive.

Embora homens e mulheres cheguem à velhice em tempos e formas diferentes, ambos sofrem com essa fase e com a difícil tarefa de encontrar um lugar para si em uma cultura que valoriza apenas a juventude e cultua padrões estéticos.

A cultura moderna tem dado espaço e voz a muitas classes socialmente excluídas.

Hoje, há espaço para que homens, mulheres, gays, lésbicas, pessoas carentes e outros subgrupos reivindiquem seus direitos.

Entretanto, pouco ou nenhum espaço tem sido dado aos nossos Anciãos.

Nas páginas a seguir, você encontrará formas de ritualizar a entrada na fase de Anciã e Ancião, para que possamos dar nossa contribuição nessa inclusão social e espiritual.

Como Wiccanianos, é hora de fazermos o nosso papel de transformadores e, através do resgate dos Ritos de Passagem, mostrarmos que cada ser é importante, deve ser valorizado e possui o seu lugar.

Devemos ensinar às gerações futuras que a idade é um processo natural e inevitável — que deve ser celebrado por todos, e não temido.

O Cajado de Poder

O cajado sempre foi um símbolo de poder para as culturas ancestrais. Ele representa a jornada constante e tranquila, onde todos os obstáculos podem ser transpostos com facilidade, sem tropeços. Desde tempos imemoriais, era conferido aos anciãos — aqueles que podem guiar sabiamente outros pelos caminhos da vida.

Os cajados antigos eram feitos de diversas árvores, como o carvalho, a sorveira, a bétula ou a nogueira. Como tais árvores sempre foram consideradas sagradas pelos povos antigos, o portador de um cajado feito de uma delas tornava-se, então, alguém venerável, detentor de poderes e autoridade.

O cajado também pode ser considerado um símbolo de ligação entre o mundo dos Deuses e o dos homens. Sua extensão representa exatamente um canal de comunicação entre os dois mundos. Por isso, o portador de um cajado torna-se um intermediário entre este e outros reinos e realidades de poder.

Quando o Rito de *Croning* ou *Saging* estiver se aproximando, a pessoa que passará pelo ritual poderá confeccionar seu próprio Cajado de Poder. Ele também poderá ser confeccionado pelos anciãos que conduzirão o ritual, podendo ser oferecido como um presente mágico.

Confeccionar um cajado não é tarefa tão difícil quanto parece.

Um cajado autêntico deve medir a altura de seu portador mais a distância do cotovelo até a ponta do dedo médio.

Como no Brasil não dispomos de árvores como o carvalho e a bétula, o mais viável é que a pessoa utilize uma árvore especial para si ou uma que chame sua atenção de forma particular.

Ela deverá escolher um galho que lhe pareça apropriado para a confecção do cajado e serrá-lo cuidadosamente.

Uma oferenda de moedas, grãos, maçã ou uma libação de vinho deve ser depositada nas raízes da árvore — como uma forma de agradecimento e pedido, para que o galho possa ser retirado. Essa atitude também assegura que parte da energia vital da planta siga com o galho escolhido, tornando o cajado verdadeiramente mágico.

Ele deverá ser cortado na medida exata. Se desejar, a casca do galho pode ser retirada para que o cajado seja pirogravado com símbolos apropriados e, posteriormente, envernizado. No entanto, isso não é uma regra: cada pessoa pode tratar a madeira como melhor desejar.

Após o corte, o cajado deverá ser enfeitado. Símbolos ligados à face Anciã da Deusa e do Deus, conchas, pedras, saquinhos de talismãs, contas artesanais, fitas e cordões podem compor a decoração do Cajado de Poder. O importante é que ele reflita a personalidade de seu dono e tenha significado simbólico para seu portador.

Depois de confeccionado, o cajado deverá ser consagrado através dos quatro elementos e guardado até o dia da realização do Rito de Passagem.

Colar da Sabedoria

O Colar da Sabedoria é um símbolo da entrada no ciclo da Anciã e deverá ser confeccionado e presenteado pelos anciões que celebrarão o Rito de Passagem. Ele poderá ser utilizado tanto por homens quanto por mulheres.

O Colar da Sabedoria deve ser feito com contas de pedras significativas, que representem de alguma forma o futuro ancião. Dessa forma, uma pedra correspondente ao signo da pessoa é ideal para essa função.

Veja abaixo uma pequena lista de correspondências entre os signos e suas respectivas pedras:

Áries
jaspe, topázio, granada, ágata de fogo, topázio, hematita, quartzo branco, ametista cristal leitoso.

Touro
quartzo rosa, esmeralda, topázio, água marinha, coral, esmeralda, quartzo rosa, amazonita, quartzo branco, ametista.

Gêmeos
citrino, olho de tigre, ágata, coral, topázio, citrino, olho de tigre, quartzo branco, ametista, hematita.

Câncer
quartzo cristal, quartzo fume, quartzo verde, jade, aventurina, pedra da lua, opala, quartzo branco, esmeralda, ametista.

Leão
cristal, ágata, jaspe, granada, âmbar, rubi, citrino, granada, topázio, quartzo dourado, quartzo branco, ametista.

Virgem
ágata, jaspe, turquesa, citrino, amazonita, hematita, quartzo azul, quartzo fumê, aventurina, quartzo branco, ametista.

Libra
quartzo cristal, quartzo fume, esmeralda, água marinha, pedra da lua, opala, lápis lazuli, quartzo branco, ametista, citrino

Escorpião
jaspe, citrino, água marinha, esmeralda, granada, turmalina verde, obsidiana, quartzo branco, ametista, ágata de fogo.

Sagitário
topázio, quartzo cristal, olho de tigre, sodalita, lápis lazuli, quartzo azul, quartzo fumê, quartzo branco, jaspe.

Capricórnio
quartzo fume, ônix, ágata, turmalina negra, turquesa, quartzo verde, quartzo branco, ametista.

Aquário
água marinha, quartzo cristal, safira, opala, granada, lápis lazuli, turquesa, quartzo rosa, quartzo branco, ametista, sodalita.

Peixes
ametista, quartzo cristal, jade, fluorita, turmalina verde, pedra da lua, opala, ônix, quartzo branco

Muitas lojas especializadas oferecem colares feitos com ao menos uma das pedras relacionadas ao signo da Anciã ou do Ancião, citadas anteriormente. O colar pode ser personalizado com a adição de um pingente ou, ainda, ser refeito e recriado para tornar-se uma joia mágica única.

O Colar da Sabedoria simboliza a partilha dos conhecimentos e a ligação com as sucessivas gerações de anciões. Ele também representa uma função, uma dignidade e o elo entre aquele que o usa e aqueles que o ofertaram.

Como um círculo, não possui começo nem fim, ligando magicamente seu portador ao Sagrado e nos lembrando dos ciclos de nascimento, vida, morte e renascimento.

Livro de Memórias

Livro de Memórias é como um diário mágico, onde o ancião irá escrever todos os seus pensamentos, lembranças do passado e aprendizados.

Nele, a anciã ou o ancião registrará não apenas suas histórias pessoais, mas também lendas de seus Deuses, receitas de encantamentos, feitiços e rituais. Poderíamos considerá-lo o *Livro das Sombras* da terceira idade.

O ideal é que o próprio ancião confeccione seu Livro de Memórias.

Este artesanato mágico é algo fácil, simples e prazeroso de se fazer.

Um livro-ata comum e folhas secas de árvores da região onde vive o ancião podem compor lindos Livros de Memórias.

As folhas secas podem ser coladas harmoniosamente sobre a capa e contracapa do livro-ata, dando-lhe um aspecto natural e bonito.

Flores secas, sementes, fitas e símbolos especiais também podem ser adicionados à capa, produzindo um Livro de Memórias único e totalmente personalizado.

Como todos os objetos sagrados, ele também deve ser consagrado e abençoado pelos quatro elementos antes de começar a ser utilizado.

Rito de Croning

Materiais Necessários:

- Os Instrumentos usuais para o altar
- Estátuas de Deusas Anciãs
- Flores roxas e brancas e outros objetos de decoração
- Um bandeja decorada com flores roxas e brancas
- 1 vela branca
- 1 vela vermelha
- 3 velas pretas
- 1 manto roxo para a mulher que passará pelo ritual
- 1 manto vermelho para a mulher que passará pelo ritual
- Cajado
- Livro de Memórias
- Colar da Sabedoria
- 1 chocalho
- Comidas para o Banquete
- 1 crânio de gesso
- Sabugueiro, salgueiro, folhas de romã, folhas de amoreira e pétalas de rosas vermelhas.

Melhor Momento:

O melhor momento para a celebração do *Croning* é aquele em que a mulher se sentir mais confiante, certa de que está preparada para entrar nessa nova fase de sua vida. A celebração não precisa ser realizada logo após os primeiros sinais da menopausa, pois a mulher precisa de tempo para compreender os processos físicos e psicológicos que ocorrem em sua mente e corpo, e que estão diretamente ligados a essa etapa.

Assim sendo, de nada adianta a realização de um Rito de *Croning* em uma data específica se a mulher ainda não tiver assimilado internamente os processos de transição.

Num contexto astrológico e simbólico, a melhor fase lunar para a realização de um ritual que celebre a menopausa é aquela que vai da Lua Minguante até os primeiros dias da Lua Nova.

O melhor dia da semana é o sábado, que está diretamente ligado a Saturno, senhor da inexorabilidade do tempo.

PREPARAÇÕES PRELIMINARES:

A mulher deve iniciar seu processo de preparação pessoal aproximadamente um mês antes da realização do seu Rito de *Croning*.

Nesse período, ela deverá reavaliar sua vida, buscando lembranças do passado como forma de fortalecimento interior.

Uma reflexão ponderada sobre os acontecimentos da vida que foram determinantes para a formação de sua atual personalidade e de seus valores é fundamental nessa fase.

Durante esse mês, a mulher deverá se banhar com uma infusão feita à base de sabugueiro — a erva sagrada ligada à face da Anciã.

Sabugueiro, em inglês, é *elder*, termo que significa literalmente "ancião".

Por isso, utilizá-lo durante esse período é uma forma de abrir os canais da mulher para essa nova realidade.

É recomendada também uma dieta alimentar leve durante essa fase, dando preferência às frutas e evitando alimentos industrializados e bebidas alcoólicas.

Em seu Livro de Memórias, a mulher anotará todos os seus pensamentos, frases e poemas que julgar importantes, além de listar seus objetivos para essa nova etapa da vida.

O Dia da Cerimônia

Neste dia, a mulher buscará conexão com os Deuses que reverencia e com seus ancestrais. Ela deverá criar um altar pessoal para meditar durante algum tempo.

Antes do ritual, ela deverá ser banhada por uma das anciãs de sua comunidade. Se ainda tiver mãe ou avó, uma das duas poderá realizar esse ato.

A infusão do banho deverá ser preparada com salgueiro, folhas de romã, folhas de amoreira e pétalas de rosas vermelhas.

Enquanto a mulher é banhada, palavras como as que seguem podem ser ditas pela anciã:

> Agora você está entrando no tempo do Deus Ancião.
> Em você reside a sabedoria dos Mistérios, que será o seu legado às futuras gerações.

A mulher, então, se secará e será vestida com o manto vermelho.

A anciã marcará a figura de uma Yoni negra com uma lua minguante em seu centro, na testa da mulher, enquanto diz:

> Abençoado seja pelo símbolo do Deus Ancião.
> Seja envolvido pelas bênçãos do Velho Rei.

A mulher é, então, conduzida à luz de velas até um quarto onde deverá haver apenas um pequeno altar, sobre o qual estará um crânio de gesso, ladeado por duas velas negras.

Ela será deixada nesse espaço por uma ou duas horas para meditar sobre mais este Rito de Passagem em sua vida.

Preparação do Círculo

Enquanto a mulher permanece recolhida no quarto escuro, o local da cerimônia é preparado pelas anciãs que participarão do ritual.

O altar que será utilizado deverá ser decorado com flores e velas roxas e brancas, bem como com símbolos e estátuas ligados à face Anciã da Deusa.

Sobre ele estarão dispostos frutas secas, diferentes tipos de queijos, sementes salgadas e demais alimentos que se tornam mais saborosos e valiosos com o passar do tempo.

O Colar da Sabedoria deverá estar aberto, formando um círculo sobre uma bandeja posicionada no altar.

Essa bandeja deve ser enfeitada com flores roxas e brancas e, em seu interior, deverá haver uma vela branca, uma preta e uma vermelha em forma de Yoni.

Uma mulher representará a face Anciã da Deusa. É apropriado que ela esteja maquiada de modo que seu rosto fique totalmente pálido.

Ela também deverá vestir um longo manto que oculte seu rosto. Estará sentada em um trono devidamente posicionado ao norte, portando em uma das mãos o Cajado de Poder, confeccionado especialmente para a mulher que passará pelo Rito de *Croning*.

Todas as mulheres presentes deverão usar mantos ou roupas roxas, em honra aos Mistérios da Anciã.

O Ritual

O Círculo é lançado de maneira habitual.

Uma das anciãs buscará a mulher que aguarda no quarto de confinamento.

Ao se aproximar do perímetro externo do Círculo, uma das anciãs tocará o sino 13 vezes e, então, um portal será aberto para que ambas adentrem o espaço sagrado.

A anciã conduz a mulher até o trono e então diz:

Ouça a voz da Deusa, que traz a mensagem de amor do fundo da tua alma.

> Ela é a Anciã, aquela que promete um novo vínculo de amor puro e pacífico entre homens e mulheres.
> Ela conhece o bem e o mal, o amor e o ódio, a verdade e a falsidade.
> Ela é quem, através da obscuridade, manifesta a sabedoria.
> Ela é a esperança pressentida e sussurrada pelos filhos secretos da Grande Mãe.
> Em seus Mistérios, ela te conduzirá novamente ao instinto seguro do amor, perdido há tempos, causa do orgulho intelectual que nos levou ao vínculo patriarcal.
> Ela é a pomba branca que se transforma em fênix de plumagem verde e dourada.
> Ela é a fortaleza nas colinas, o mistério e a linguagem secreta das aves.
> Ela é a guardiã da força da Donzela e, por entregar seu amor sempre em liberdade, é eternamente virgem.
> Ela conhece as marés e seus ciclos, a força e os segredos de todos os ritos.
> Ela é o coração da Terra e, se desejar, você poderá estar com ela.
> Abençoadas serão todas as mulheres que descobrirem o seu caminho e contemplarem a sua face.
> Blessed Be!

Ela dá uma volta ao redor do Círculo, como se apresentasse a mulher às demais anciãs, e diz:

> Nas culturas matriarcais, quando a mulher cruzava a fronteira da maternidade para o ciclo da Anciã, ela recebia o título de Sábia, pois se tornava a Guardiã dos valores de seu povo e a transmissora desses valores às novas gerações.
> Hoje, esta mulher veio a este Círculo para ouvir o Chamado da Anciã, conhecer os seus Mistérios e ser preparada para...

Uma anciã se adianta e diz:

> Marcar sua passagem da fertilidade física para a fertilidade mental.

Outra anciã se adianta, dá as mãos à primeira e diz:

Dedicar-se ao aperfeiçoamento de seu conhecimento espiritual, intelectual e artístico.

Uma terceira anciã se adianta dizendo:

Dizer adeus à fertilidade do útero.

Mais uma se adianta, dá as mãos à anterior e diz:

Agradecer aos ciclos da vida que pulsam e nos mantêm vivas.

Outra anciã segue, dizendo:

Dizer adeus às pílulas, diafragmas e anticoncepcionais para sempre.

Outra anciã dá um passo à frente, junta suas mãos com a anterior e profere:

Servir como conselheira às futuras gerações.

Se houver mais anciãs no ritual, elas poderão repetir as mesmas ações, incluindo sentenças espontâneas que representem desejos e bênçãos para o processo de transição da mulher.

Quando todas tiverem terminado, as anciãs elevam os braços, formando um túnel.

A mulher que passa pelo Rito de *Croning* atravessa o túnel, indo em direção ao Trono da Deusa.

Ao chegar à frente do trono, a Deusa Anciã diz:

Eu falo em nome da Deusa Anciã, que estende o seu manto sobre a Terra, até que todas as coisas encontrem calma e descanso. Ela é a tranquilidade do olhar sobre o lago, no qual você pode refletir e compreender.

ELA É O GELO QUE PRESERVA.

ELA SÃO AS ÁGUAS FRIAS QUE AMEAÇAM LHE ARRASTAR SOB O FINO GELO.

EM SUAS PROFUNDEZAS, TUMBAS SE TRANSFORMAM EM ÚTEROS, FINAIS SE TRANSFORMAM EM COMEÇOS. E ASSIM TUDO É TRANSFORMADO.

VOCÊ, QUE FOI CHAMADA POR ELA PARA ENTRAR NO TERCEIRO ESTÁGIO DA VIDA, SE TORNARÁ UMA SÁBIA PARA A SUA COMUNIDADE.

AGORA É HORA DE HONRAR OS CAMINHOS DA PAZ E DA COMPAIXÃO, ALIVIANDO O SOFRIMENTO E A DOR DOS SEMELHANTES EM TODAS AS SUAS FORMAS.

O CONHECIMENTO DA ANCIÃ SE ESTENDE A TODAS AS MULHERES QUE TIVERAM A CORAGEM DE OLHAR A FACE DA MORTE, CUJAS MÃOS TECEM AS TEIAS DA VIDA E DOS MISTÉRIOS DA RENOVAÇÃO.

A Anciã que representa a Deusa se levanta, toma a mulher pelas mãos e a conduz ao quadrante Norte.

Ela balança o chocalho no ar e bate três vezes o cajado no chão, dizendo:

É HORA DE VOCÊ SE TORNAR ATENTA, VIVENDO PLENAMENTE TODOS OS SEUS MOMENTOS PRESENTES.

CAMINHE SOBRE O MUNDO DE FORMA SAGRADA.

NÃO SE PREOCUPE COM O PASSADO, NEM COM O FUTURO. VIVA O AGORA.

HARMONIZE-SE COM O MUNDO AO SEU REDOR, POIS ESSA É A FONTE MAIS PODEROSA DE MAGIA.

A NATUREZA TEM MISTÉRIOS A COMPARTILHAR COM VOCÊ.

TRATE OS OUTROS COM COMPAIXÃO E AMOR.

LEMBRE-SE: TODOS ESTAMOS CONECTADOS.

O CAMINHO DA ANCIÃ É O DA PACIÊNCIA E DA COMPAIXÃO.

SEJA GENTIL CONSIGO MESMA.

LEMBRE-SE COM ALEGRIA DOS BONS MOMENTOS DO PASSADO — ESSAS MEMÓRIAS POSSUEM GRANDES PODERES CURADORES.

REVERENCIE O SEU CORPO COMO ELE MERECE.

Elas se movem até o Leste. Ao chegarem, o chocalho é tocado e o cajado é batido três vezes. A Anciã diz:

Ame a si mesma e, assim, você será curada.
Não importa o que tenham dito sobre você: há brilho em seu interior.
Seja boa para o planeta.
Espalhe o pedido de cura da Terra.
Lembre-se: ela precisa de sua ajuda.
Seja sempre jovial.
Aprenda com as lições que a vida lhe traz.
Cada momento de dor, incerteza e tristeza é um presente para o seu crescimento.

Elas seguem para o Sul. O chocalho e o cajado são novamente acionados, e a Anciã diz:

Seja tolerante com outras convicções e pensamentos.
Reconheça todos os caminhos como válidos e sagrados.
Não converta nem julgue o caminho espiritual dos outros.
Mantenha-se aberta.
Aprenda com outras sábias e compartilhe sua sabedoria, se assim desejarem.
Saiba que uma vida simples é simplesmente bela.
Não se irrite. Não se consuma pela fúria.
Regozije-se com a beleza da natureza, com a fragrância das flores, com o sol e seus aliados de poder.

No Oeste, o mesmo se repete. A Anciã diz:

Não se esqueça de suas irmãs da Arte.
Pratique magia com mulheres sábias e curandeiras.
Troquem saberes. Aumentem sua sabedoria.
Expresse-se, cante e dance em honra aos Antigos.
Viva com alegria e prazer, seja sua vida curta ou longa.

E, QUANDO ESTIVER CANSADA, DESCANSE NOS BRAÇOS DA VELHA MÃE SELVAGEM E VÁ.
VOCÊ É PARTE DA ETERNA DANÇA, PRESENTE NO GRANDE CICLO DE VIDA, MORTE E RENASCIMENTO — E, POR ISSO, É ETERNA.

A Deusa volta-se para a mulher e pergunta:

VOCÊ LEMBRARÁ DESSAS PALAVRAS?

A mulher responde apropriadamente.

Juntas, elas caminham de mãos dadas até o altar. A Anciã diz:

ACENDA ESTAS VELAS EM HONRA AOS TRÊS CICLOS DA SUA VIDA E COMPARTILHE CONOSCO SEU AGRADECIMENTO PELOS APRENDIZADOS DE CADA FASE.

A mulher acende as velas e expressa, com palavras espontâneas, sua gratidão por cada momento vivido:

- Ao acender a vela branca, agradece pelos ensinamentos da juventude;
- Ao acender a vela vermelha, agradece pela sabedoria adquirida na maturidade;
- Ao acender a vela preta, agradece pela velhice que se inicia e medita sobre o futuro.

Em seguida, as mulheres entoam um cântico sagrado suave, que inspire tranquilidade e paz.

O manto vermelho da mulher é retirado, e ela é vestida com um manto roxo. Aos poucos, o cântico se transforma, e as anciãs começam a cantar o nome da mulher enquanto dançam ao seu redor.

O cântico pode se transformar uma terceira vez, com as anciãs entoando o nome da Deusa de devoção da mulher (se houver), ou uma canção especial em honra à Grande Mãe.

Ao término, a Anciã que representa a Deusa entrega à mulher o Cajado e o Livro de Memórias, colocando o Colar da Sabedoria em seu pescoço e dizendo:

> Abençoada seja,
> Por ter visto através dos olhos da Deusa,
> Por ter falado através da boca Dela,
> Por ter amado com o coração Dela,
> Por ter sido Ela durante toda a sua vida.
> Por ter tido a coragem da Donzela e alimentado a vida como a Mãe.
> Agora, você se transforma na Anciã — a Senhora dos Grandes Mistérios.
> Receba os símbolos Dela, para lembrar-se de que você é Guardiã deles agora.

Os alimentos são consagrados e o Banquete é celebrado.

Histórias de vida são compartilhadas entre as anciãs. Cada uma delas assina o Livro de Memórias e deixa uma mensagem especial.

Em seguida, o Círculo é destraçado de maneira habitual.

Rito de Saging

Assim como a mudança da infância para a maioridade, a transição da maioridade para a terceira idade também tem sido negligenciada na sociedade atual.

Essa transformação, para as mulheres, é mais evidente com a chegada da menopausa, mas os homens também passam por uma mudança — um pouco mais sutil — chamada andropausa.

A andropausa só agora começa a ser reconhecida como uma transição real na vida do homem.

Ela vai muito além da inexplicável vontade de alguns homens mais velhos comprarem carros velozes na tentativa de reviver sua juventude perdida.

Trata-se, na verdade, de mudanças internas e externas que precisam ser reconhecidas para que o homem possa promover o seu encontro com a Totalidade.

Como pagãos, reconhecemos e reverenciamos esses ciclos.

Como qualquer outra fase da vida, a terceira idade deve ser respeitada e valorizada, pois nossos anciãos têm muita sabedoria e experiência a compartilhar conosco — se nos permitirmos escutá-los.

O rito que marca a passagem de um homem para a terceira idade é chamado de *Saging*, termo que pode ser traduzido como "tornar-se sábio", e tradicionalmente ocorre por volta dos 65 anos de idade.

A seguir, é apresentado um exemplo de Rito de *Saging*.

Materiais Necessários:

- Os Instrumentos usuais para o altar
- Estátuas de Deuses Anciãos
- Flores roxas e brancas e outros objetos de decoração
- Um bandeja decorada com flores roxas e brancas
- 1 vela amarela
- 1 vela verde
- 3 velas marrom
- 1 manto roxo para o homem que passará pelo ritual
- 1 manto preto para o homem que passará pelo ritual
- 1 cálice com vinho
- O Cajado

- O Livro de Memórias
- O Colar da Sabedoria
- 1 chocalho
- Comidas para o Banquete
- 1 crânio de gesso
- Sabugueiro, salgueiro, folhas de romã, folhas de amoreira e cipreste

Melhor Momento:

O melhor momento para a celebração do *Saging* é próximo à data de aniversário de 65 anos do homem.

Num contexto astrológico e simbólico, a melhor fase lunar para a realização de um ritual que celebre a entrada na terceira idade é aquela que vai da Lua Minguante até os primeiros dias da Lua Nova.

O melhor dia da semana para o rito é o sábado, diretamente ligado a Saturno, o senhor da inexorabilidade do tempo.

Preparações Preliminares:

O homem deve iniciar seu processo de preparação pessoal aproximadamente um mês antes da realização do seu Rito de *Saging*.

Durante esse período, ele deverá se banhar regularmente com infusões de sabugueiro. Essa planta tem sido associada, há muito tempo, à fase anciã da vida e, em inglês, seu nome é elder, que significa literalmente "ancião". Por isso, utilizá-la durante esse tempo é uma forma de se abrir espiritualmente para essa nova etapa da existência.

Também é recomendada uma dieta alimentar leve nesse período, dando preferência às frutas e evitando alimentos industrializados e bebidas alcoólicas.

Em seu Livro de Memórias, o futuro ancião deverá registrar todos os seus pensamentos, frases e poemas que considerar importantes, além de listar seus objetivos para essa nova fase da vida.

O Dia da Cerimônia

Neste dia, o homem buscará conexão com os Deuses que reverencia e com seus ancestrais. Ele também poderá criar um altar pessoal para meditar.

Antes do ritual, ele deverá ser banhado por um dos anciões de sua comunidade. Se ainda tiver pai ou avô, um deles poderá realizar esse ato.

A infusão do banho deverá ser preparada com salgueiro, folhas de romã, folhas de amoreira e cipreste.

Enquanto o homem é banhado, palavras como as seguintes podem ser ditas pelo ancião:

> Agora você está entrando no tempo do Deus Ancião.
> Em você reside a sabedoria dos Mistérios, que será o seu legado às futuras gerações.

O homem, então, se secará e vestirá seu manto negro.

Em sua testa será desenhado um triângulo negro com uma pequena foice em seu centro, enquanto o ancião pronuncia:

> Abençoado seja pelo símbolo do Deus Ancião.
> Seja envolvido pelas bênçãos do Velho Rei.

O homem será conduzido à luz de velas até um quarto, onde deverá haver apenas um pequeno altar.

Sobre o altar estará um crânio de gesso, ladeado por duas velas negras.

Ele será deixado nesse espaço por uma ou duas horas, para que possa meditar sobre mais esse Rito de Passagem em sua vida.

Preparação do Círculo

Enquanto o homem permanece recolhido no quarto escuro, o local da cerimônia é preparado pelos anciãos que participarão do ritual.

O altar que será utilizado deverá ser decorado com flores e velas roxas e brancas, além de símbolos e estatuetas ligados ao Deus Ancião.

Sobre ele estarão dispostos frutas secas, diferentes tipos de queijos, sementes salgadas e demais alimentos que se tornam mais saborosos e valiosos quanto mais envelhecem.

O Colar da Sabedoria deverá estar disposto em formato circular sobre uma bandeja colocada no altar

A bandeja deverá ser enfeitada com flores roxas e brancas e, no interior do círculo formado pelo colar, deverá haver uma vela amarela, uma verde e uma marrom dispostas em forma de triângulo.

Também deverá haver, em local de destaque sobre o altar, um cálice com vinho.

Um dos homens representará a face Anciã do Deus.

É apropriado que ele esteja com o rosto maquiado de forma a parecer totalmente pálido.

Ele deverá vestir um longo manto que oculte o rosto e permanecerá sentado em um trono posicionado ao norte, portando em uma das mãos o Cajado de Poder, confeccionado especialmente para o homem que passará pelo rito de *Saging*.

Todos os homens presentes deverão usar mantos ou roupas roxas, em honra aos Mistérios do Deus Ancião.

O Ritual

O Círculo é lançado de maneira habitual.

Um dos anciãos buscará o homem que aguarda no quarto de confinamento.

Ao se aproximar do perímetro externo do Círculo, um dos anciãos tocará o sino 13 vezes e, então, um portal será aberto para que ambos adentrem o Espaço Sagrado.

O ancião conduz o homem perante o trono e então diz:

> Escute a voz do Deus Cornífero, Senhor de todas as coisas selvagens e livres, Guardião dos portais da Morte, cujo chamado todos devem atender.
>
> Ele é o fogo dentro do seu coração, o desejo da sua alma.
>
> Ele é o Caçador do Conhecimento e o Investigador da Indagação Sagrada.
>
> Ele, que está na escuridão da luz.

Ele é aquele a quem você chama de Morte.
Ele é o Consorte e Companheiro Dela, a quem nós adoramos.
Agora, Ele o chama – atenda ao seu chamado.
Venha até Ele e aprenda os segredos da morte e da paz.
Ele é o milho na colheita e a fruta nas árvores.
Ele é quem nos conduz de volta ao lar.
Açoite e chama, lâmina e sangue – esses são os Seus presentes, que agora lhe são conferidos.
Chame por Ele na floresta selvagem, nos topos das montanhas, e busque-O na Escuridão Luminosa.
Ele, que tem sido chamado de Pan, Herne, Osíris e Hades.
Ele fala contigo e te procura.
Venha dançar e cantar.
Venha vivo e sorria para observar.
Esta é a adoração do Deus.
Nós somos Seus filhos, e Ele, nosso Pai.
Nas asas rápidas da noite, é Ele quem nos põe no colo da Mãe, para renascer e retornar novamente.
Tu, que o buscas, saiba que Ele é o vento indomado, a fúria da tempestade e a paixão da sua alma.
Busque-O com orgulho e humildade – mas, melhor ainda, com carinho e força – pois este é o Seu caminho.
Ele não ama o fraco nem o temeroso.
Ouça o chamado do Deus nas longas noites de inverno, e juntos vocês guardarão a Terra Dela enquanto Ela dorme.

Ele dá uma volta ao redor do Círculo, apresentando o homem aos demais anciãos, enquanto diz:

Temos viajado através do tempo, entre as sombras da noite, para celebrar este momento sagrado.
Hoje é o dia de celebrarmos a entrada de nosso irmão (dizer o nome ritualístico ou da Arte) na fase do Ancião.
Ele já conheceu muitos mistérios e agora está pronto para se tornar um sábio e conselheiro.
Que ele beba do cálice da vida e conheça os mistérios que ainda precisa compreender.

Um dos anciãos pega o cálice sobre o altar e o entrega ao homem. Enquanto ele bebe, o ancião diz:

UMA LONGA VIAGEM É ESTA VIDA,
COMO A GOTA INFINITA DO MAR.
O QUE ACONTECERÁ AMANHÃ?
UM MISTÉRIO QUE NINGUÉM SABE.
ESTA É A VERDADE DA VIDA:
A VIDA É FEITA PARA SER VIVIDA.

O cálice passa para outro ancião, que diz:

A VIDA É DOCE COMO AÇÚCAR,
A VIDA É IGUAL AO LIMÃO AZEDO.
COMO AS FLORES, A VIDA É BELA,
ÀS VEZES, ESPINHOS A TORNAM INSUPORTÁVEL.
ESTA É A VERDADE DA VIDA:
A VIDA É FEITA PARA SER VIVIDA.

Outro ancião prossegue:

O SOL DA VIDA ESTÁ SORRINDO,
NAQUELE CÉU DE ESCURIDÃO.
COM ALEGRIA, VISLUMBRA A LUA,
MAS HÁ TAMBÉM PEQUENAS ESTRELAS,
QUE TENTAM BRILHAR COMO O SOL.
ESTA É A VERDADE DA VIDA:
A VIDA É FEITA PARA SER VIVIDA.

Mais um ancião se aproxima, dá um gole do cálice ao homem e diz:

AS NUVENS ESTÃO VIAJANDO LENTAMENTE
RUMO AO SEU DESTINO,
CHEIAS DE ESCURIDÃO.
TROVÕES E RELÂMPAGOS RUGEM,
MAS APÓS ALGUNS MOMENTOS, TUDO CLAREIA.
ESTA É A VERDADE DA VIDA:
A VIDA É FEITA PARA SER VIVIDA.

Outros anciãos poderão repetir o gesto, adicionando reflexões e bênçãos espontâneas ao processo de preparação do novo ancião.

Ao final, os anciãos iniciam uma dança em espiral com o homem, conduzindo-o ao trono, onde o representante do Deus Ancião diz:

Eu falo em nome do Deus Ancião, que foi chamado de Aqueronte,
Anúbis, Hades, Myrdin e por muitos outros nomes.
Ele é a sombra na luz do dia, o véu onde dança a Deusa Estelar.
Ele é a força que protege e delimita.
Ele guarda aquilo que ainda não pode ser dito, revelado apenas
àqueles que atingiram a maturidade da compreensão.
Ele vive ao lado da Anciã, mostrando os caminhos que devemos
trilhar para alcançar a sabedoria.
Venha comigo e conheça os Mistérios que precisa conhecer.

O Ancião que representa o Deus levanta-se, toma o homem pelas mãos e o conduz ao quadrante norte. Ele balança o chocalho no ar e bate três vezes o cajado no chão, dizendo:

Às vezes há primavera,
Com a fragrância do amor,
Rosas florescem por toda parte.
Mas também há o tempo do outono,
Onde as folhas caem.
Esta é a verdade da vida:
A vida é feita para ser vivida.

No leste, repetem o gesto e dizem:

No céu, o arco-íris podemos ver,
Mostrando cores variadas.
Ele reflete a esperança.
A vida não é tão dura quanto parece.
Mas há um mundo de pedra,
Onde o amor pode ser difícil de encontrar.
Esta é a verdade da vida:
A vida é feita para ser vivida.

No sul, após o gesto ritualístico:

Às vezes com grande velocidade,
Na estrada da vida nós viajamos.
Obstáculos surgem,
Impedindo a realização de nossos sonhos.
Não perca a esperança!
Esta é a verdade da vida:
A vida é feita para ser vivida.

No oeste:

O mar está navegando,
No pequeno barco da vida.
O vento forte tenta afundá-lo,
Mas o mar o apoia.
Esta é a verdade da vida:
A vida é feita para ser vivida.

O Ancião volta-se para o homem e pergunta:

Você lembrará dessas palavras?

O homem responde apropriadamente.
Juntos, caminham em direção ao altar.

O ancião diz:

Acenda estas velas em honra aos três ciclos de sua vida e compartilhe conosco sua gratidão pelos aprendizados de cada etapa.

O homem acende as velas e expressa, com palavras espontâneas, sua gratidão:

- **Vela amarela:** juventude;
- **Vela verde:** maturidade;
- **Vela marrom:** velhice que se inicia, e reflexão sobre o futuro.

Os homens então entoam um cântico sagrado suave, que inspire tranquilidade e paz.

O manto negro do homem é retirado, e ele é vestido com um manto roxo.

O cântico evolui e os anciãos passam a cantar o nome do homem, dançando ao seu redor.

O cântico poderá ser transformado mais uma vez com o nome do Deus ou Deusa de devoção do homem (caso ele tenha um), ou uma canção em honra à Grande Mãe ou ao Deus.

Ao término, o Ancião que representa o Deus entrega o Cajado e o Livro de Memórias ao homem, e coloca o Colar da Sabedoria em seu pescoço, dizendo:

> Abençoado seja,
> Por ter visto com os olhos do Deus.
> Por ter falado com a voz Dele.
> Por ter amado com o coração Dele.
> Por ter sido Ele durante toda a sua vida.
> Por ter tido a coragem do Cornífero e alimentado a vida como o Homem Verde.
> Agora você se torna o Ancião, o Senhor dos Grandes Mistérios.
> Receba os símbolos Dele para lembrá-lo de que você é o Guardião deles agora.

Os alimentos são consagrados, e o Banquete é celebrado.

Histórias de vida são compartilhadas entre os anciãos.

Cada um assina o Livro de Memórias e deixa uma mensagem especial.

Em seguida, o Círculo é destraçado de modo habitual.

CAPÍTULO 9

Celebrando a Morte

Quando em mim tudo for silêncio
e a própria vida esvair-se
nas esteiras das águas flutuantes,
hei de buscar, no primeiro ancoradouro,
o porto seguro para meus sonhos todos.
Que importa que haja ondas revoltas,
ameaçando um casco acorrentado?
Quero respirar, no último momento,
a esperança diluindo-se em espumas,
espumas desmanchando-se em esperanças.

Arita Damasceno Pettená

Três são os grandes Mistérios celebrados na Wicca: nascimento, vida e morte. As culturas ancestrais viam na morte um momento sagrado, e todas possuíam rituais próprios de preparação da alma para o seu próximo estágio. Todas as culturas primitivas compartilhavam a mesma crença: a de que o espírito sobrevive à morte.

Arqueólogos encontraram vestígios de práticas rituais funerárias que datam de mais de 60 mil anos a.E.C. Assim sendo, a reverência à morte é tão antiga quanto o próprio homem de Neandertal.

O homem primitivo vivia em um mundo perigoso, repleto de riscos e medos. Para ele, tanto a vida quanto a morte estavam diretamente associadas à atuação de Deuses e Espíritos que ele não podia ver ou compreender. Com o intuito de estabelecer contato com esses seres, o homem criou diversos rituais. Realizar um ritual fúnebre era, para ele, uma forma de proteger a vida e afastar os espíritos causadores da morte.

Os rituais que envolvem a morte são tão variados quanto as culturas.

Enquanto, na maioria das religiões dos povos primitivos, a cremação dos mortos era um ato sagrado, no Zoroastrismo o corpo era deixado ao ar livre para ser devorado por abutres. Os praticantes dessa religião consideravam o fogo sagrado demais para ser usado na cremação e acreditavam que o sepultamento seria uma injúria à Mãe Terra.

Algumas tribos colocavam um arco de fogo ao redor do corpo de seus mortos, para que o espírito criasse asas e pudesse voar até o Outromundo. Outros rituais primitivos envolviam o lançamento de arcos e flechas no ar durante os funerais, para afugentar os espíritos e impedir que eles voltassem para levar outros membros da tribo.

A visão dos Wiccanianos sobre a morte varia profundamente, assim como as concepções sobre o que acontece após ela.

No entanto, todos acreditam em ao menos uma coisa: a morte é uma passagem para um novo estágio, para uma nova vida.

A Wicca ensina que, após a morte, a alma parte em direção ao País de Verão, nome dado ao Outromundo. Este é um lugar de descanso e paz, onde a alma pode novamente se reunir aos seus ancestrais, Deuses e todos aqueles que ainda não retornaram à existência física. No País de Verão, a alma restaura sua energia, revê as vidas e lições passadas. Lá, o espírito conhece todos os Mistérios e enxerga a realidade de forma ampla e infinita. Neste estado, o Espírito é absoluto e pode perceber as coisas como elas verdadeiramente são.

Entretanto, cada Tradição e ramo da Arte possui nomes próprios para se referir a esse Outromundo. País de Verão (*Summerland*, em inglês) é apenas um dos nomes atribuídos a ele. Outros termos comuns incluem: *Tir fo Thonn*, *Tir na Bea*, *Tirtain Giri*, *Tir nan Og*, *Tir na Moe*, *Amenti* e *Emania*.

Também variam os pensamentos sobre onde ele se localiza, como se apresenta e o que o espírito encontra nesse reino ao atravessar a mortalha.

Um pensamento pagão unânime é o de que o espírito cria sua própria realidade. Assim sendo, esse Outromundo se manifestará exatamente como aquilo que idealizamos e acreditamos que ele fosse em vida. O que existe por trás da mortalha[17] está em todos os lugares, dentro de nós e ao nosso redor. Somos parte integrante deste reino e ele de nós. Na realidade, os portais de acesso a esses reinos residem em nós mesmos, no centro do nosso ser. O reino que o Espírito adentra após a morte de sua existência física é o seu próprio reino, criado pelas crenças, convicções, valores e expectativas desenvolvidas ao longo de sua jornada em vida.

O Outromundo Wiccaniano não é um lugar de expiações — nele não há terror ou condenação. Isso se sustenta na Lei Tríplice, que assevera que tudo o que é feito nesta vida retorna a nós, nesta mesma existência, triplicadamente. Assim sendo, do outro lado da vida não haverá pecados a serem pagos. Lá, o Espírito poderá viver em paz, harmoniosamente, num processo de restauração de energias para uma encarnação subsequente.

A morte pode ser vista como a separação do Espírito do corpo físico, momento em que nossos corpos emocional, mental e espiritual entram em outro plano de existência.

A maioria dos Wiccanianos acredita na reencarnação ou em alguma forma de transmigração da alma. Para a Wicca, o espírito é energia, sem forma ou sexo, que se move através dos mundos, encarnando em diferentes corpos, em diferentes tempos e lugares. Cada encarnação representa uma nova experiência adquirida não só para a evolução do espírito e da alma, mas também do Todo.

---

17 Um termo utilizado para se referir ao véu que separa o mundo dos homens e o dos Deuses.

Em nossa cultura, onde a morte é temida e muitos preferem ignorá-la e esquecê-la, o preto é a cor oficial do luto. Há muito, o preto tem sido evitado e banido de nossa sociedade. Palavras como "denegrir" são utilizadas para representar algo mau, negativo ou depreciativo. O preto é uma cor temida por muitos e passou a representar as trevas, a escuridão, a incapacidade de guiar os próprios passos em meio à vulnerabilidade. Isso talvez seja um reflexo psicológico da negação da Deusa por parte do homem, pois o preto é uma de suas cores mais sagradas: representa a escuridão do seu útero, capaz de gerar vida e luz.

A morte é o maior enigma da humanidade, um tabu para muitas culturas modernas. Muitos evitam falar sobre ela. Os pensamentos centrais da nossa cultura baseiam-se apenas em fugir da morte e da velhice, sustentando a ilusão de uma juventude eterna.

O comportamento de muitas pessoas, atualmente, frente à morte, é resultado dos valores e padrões herdados pelas religiões patriarcais, que, em sua maioria, concentram-se mais na morte do que na vida. A Wicca, ao contrário, foca profundamente a vida. Para nós, a vida é um círculo; cada experiência é essencial para a compreensão da próxima — e só são possíveis porque estamos vivos.

A Roda do Ano, que reflete o ciclo de nascimento, vida e morte do Deus Cornífero, retrata nossa visão sobre a vida, tanto no nível físico quanto espiritual. Nela, percebemos que a vida se inicia nas sombras do útero da Deusa. Essa vida cresce, amadurece, envelhece e morre, retornando novamente ao ventre da Grande Mãe, para um dia renascer. Assim sendo, a morte não representa o fim de todas as coisas, mas sim a transição entre o fim e o recomeço.

A morte encerra o maior dos Mistérios, pois simplesmente não sabemos o que ela é e como controlá-la. A necessidade humana de eternizar e controlar tudo faz com que tema profundamente a morte. Mas, sendo inevitável, ela precisa ser aceita, compreendida e encarada com naturalidade.

O retorno aos Ritos de Passagem possibilita ao ser humano compreender a real importância da morte e recuperar seu direito de "viver a morte" como um processo natural.

Dos três Grandes Mistérios da Arte, talvez a morte seja tão visível ao nosso redor quanto a própria vida. Ao observarmos a Roda do Ano, reconhecemos a morte como parte natural do ciclo do viver. Ela se manifesta a nós de forma simbólica, através do cair das folhas no outono ou de uma separação conjugal, mas também de forma real, quando perdemos um ente querido, como um parente ou amigo.

Para os Wiccanianos, a morte é um processo natural incluso na Roda da Vida, uma forma de transformação. Lidar com a morte é um Rito de Passagem, não apenas para aquele que adentra os portais do Outromundo, mas também para os que permanecem neste mundo. Esse processo pode ser considerado, muitas vezes, um verdadeiro Rito de Passagem para a maturidade, especialmente se a perda for de nossos pais. Nesses casos, percebemos que não somos mais as crianças que um dia fomos, e que chegou a hora de crescermos. A partir de então, nossas ações passam a se basear nas nossas próprias expectativas, necessidades e escolhas.

A morte também traz desafios: a necessidade de encararmos nossos próprios medos e sombras, e de resgatarmos a coragem em meio ao processo doloroso da perda. A maioria de nós não foi criada para lidar com tais processos, muito menos para auxiliar outros a suportá-los com tranquilidade e equilíbrio. Nossa cultura, baseada no consumo e na exploração, foi ensinada a temer a morte e a vê-la como uma perda eterna e irreparável.

A sociedade atual, fundamentada em valores judaico-cristãos, reconhece a morte como o fim de todos os processos — o momento do julgamento final para a salvação da alma. Isso distanciou o ser humano da sacralidade da morte, e do seu reconhecimento como parte natural da vida. O homem moderno não reconhece que morrer é tão natural quanto nascer.

Todas as vezes em que nos deparamos com a morte, pensamentos e sentimentos são revistos de forma profunda e transformadora. Quem nunca parou para refletir, diante da perda de alguém querido, se teria tempo de concluir seus projetos, se os últimos dias seriam solitários ou sofridos, ou ainda, o que haveria além da realidade física?

O pensamento sobre a morte nos leva a confrontos com nossas crenças, emoções e paradigmas.

Enquanto, na cultura ocidental, o preto está ligado ao mal, e o branco está associado à paz, calma, ordem e pureza, o oposto ocorre em muitas culturas orientais, onde o branco representa o luto. Assim também é na Wicca, onde a cor oficial do luto é o branco — não por ser negativa, mas por representar a morte como um processo natural e sereno, tão puro quanto o nascimento. A adoção dessa cor também encontra raízes na história europeia, onde, por séculos, o branco foi a cor do luto na Inglaterra.

Como muitos de nós crescemos em famílias cristãs, é natural que, ao falecermos, elas desejem realizar um funeral conforme suas crenças, caso desconheçam ou ignorem o nosso desejo de uma cerimônia pagã. Não são raros os casos de pessoas que viveram suas vidas como pagãs, devotadas à Deusa, e foram enterradas com todos os ritos cristãos, com cruzes ornando seus caixões e túmulos — um ato em contradição à fé que professaram em vida.

Diante dos preconceitos que ainda cercam a Bruxaria, é comum que familiares ignorem ou omitam a escolha religiosa de seus entes falecidos. Muitas vezes, tentam "salvar" seus parentes após a morte, encomendando suas almas a Jesus, Deus ou santos, num desrespeito à liberdade de crença do falecido.

Por isso, é aconselhável que o Wiccaniano revele em vida seu desejo por um funeral pagão aos familiares e amigos, assegurando que sua vontade será respeitada. Se necessário, essa solicitação pode ser registrada em cartório, com cópias distribuídas a pessoas de confiança.

Todo Wiccaniano pode registrar em seu Livro das Sombras o seu próprio Réquiem, criado por si mesmo, para ser realizado em seu momento de passagem. Nele poderá indicar como deseja que a cerimônia seja conduzida, quais cânticos sagrados devem ser entoados, que textos devem ser lidos, quais flores devem adornar seu funeral, além de deixar mensagens para os entes queridos.

Neste livro, você encontrará uma sugestão de Réquiem que pode ser utilizada em funerais. Contudo, assim como os demais rituais aqui apresentados, ela é apenas uma diretriz — uma fonte de inspiração para que você crie suas próprias cerimônias.

Esse ritual exemplificado pode servir como ponto de partida para que você redija seu próprio Réquiem em seu Livro das Sombras, iniciando sua reflexão e integração com o Mistério da Morte.

Quanto mais trabalharmos nossa aceitação da morte, mais compreenderemos que ela é, na verdade, uma afirmação da vida — um chamado à consciência sobre nossos atos e sua importância. A maneira como vivemos manifesta quem somos.

Diante da morte, todos nos tornamos iguais — ela não distingue ricos de pobres, belos de feios, nobres de plebeus. Apenas cumpre sua função: levar-nos de volta à Fonte primordial, de onde tudo se originou.

Rito de Réquiem

Materiais Necessários:

- Os utensílios usuais do altar
- 1 prato que com sementes, vela, ovo, pó de sangue de dragão e cálice de água
- 1 cálice com vinho
- 1 cálice com água e sal
- Cordão Iniciático do Bruxo
- 1 vaso de barro
- Um objeto pessoal do Bruxo que não será mais utilizado
- Um Bastão da Fala
- 1 saco de veludo roxo
- Velas para enfeitar o altar
- Flores roxas, brancas, laranjas para a decoração do altar
- Tambor, chocalho
- Frutas, comidas e bebidas preferidas da Bruxo falecido.

Melhor Momento:

O melhor momento para a celebração do Réquiem é exatamente no dia do sepultamento da pessoa falecida.

Se for possível, o ritual deverá ser realizado durante os preparativos para o sepultamento, com o corpo presente, de forma que o Bruxo falecido seja devidamente abençoado e purificado.

Quando não houver essa possibilidade, ou quando a família não desejar um funeral pagão, o Réquiem poderá ser feito privativamente, apenas com os membros da comunidade espiritual do Bruxo, alguns familiares e amigos mais próximos. Nesse caso, o ritual deverá ser realizado uma lunação (28 dias) após o falecimento do Bruxo.

O Rito de Réquiem é celebrado novamente após 1 ano e 1 dia do falecimento, como forma de honrar a memória e guiar definitivamente o espírito ao País de Verão.

Preparações Preliminares:

Antes de qualquer coisa, o Bruxo falecido deverá ser abençoado e purificado. Este ato é geralmente realizado pelo Sacerdote ou Sacerdotisa de seu Coven, Grove ou Círculo.

No entanto, na ausência de uma dessas pessoas, a bênção pode ser realizada por alguém de especial estima para o Bruxo falecido, como os pais, a esposa ou marido, filhos etc. Há também a possibilidade de pedir o auxílio de um líder pagão que o Bruxo estimava e honrava, para que se dê sequência aos ritos fúnebres.

Uma mistura com água e sal é preparada, e então inicia-se o processo de bênção do corpo.

A água com sal é aspergida nas partes do corpo descritas abaixo, enquanto se diz:

> Abençoados sejam os seus pés, que conduziram os seus caminhos.
> Abençoados sejam os seus joelhos, que o sustentaram com segurança.
> Abençoado seja o seu ventre (falo), sem o qual não existiria a vida.
> Abençoados sejam os seus seios, que nutriram a vida (para mulheres).
> Abençoado seja o seu peito, que guardou o seu coração (para homens).
> Abençoados sejam os seus lábios, que falaram a verdade.
> Abençoados sejam os seus olhos, que vislumbraram a beleza da vida.
> Abençoada seja a sua cabeça, que guardou seus pensamentos e sabedoria.

O Bruxo falecido é purificado com os quatro elementos, enquanto cânticos apropriados são entoados. Ele é então vestido com suas vestes cerimoniais, seus braceletes, colares, pingentes, diadema e demais joias rituais que lhe foram importantes em vida.

Se instruções para o funeral tiverem sido deixadas pelo Bruxo, elas deverão ser seguidas à risca e minuciosamente, pois este é o seu último desejo.

Preparação do Círculo

Um Bastão da Fala deverá ser confeccionado por algum dos membros da comunidade. Ele consiste, simplesmente, em um galho de madeira de aproximadamente 30 cm, decorado com fitas, penas, guizos, conchas etc. Neste caso, o bastão poderá ser confeccionado utilizando-se cores ligadas ao Outromundo, como branco, roxo, preto e laranja, e poderá ostentar símbolos relacionados à morte, como a foice, caveiras, corvos etc.

O bastão deverá ser consagrado pelos quatro elementos para ser utilizado no ritual.

Todos os participantes — ao menos aqueles que participam ativamente da cerimônia — devem estar usando mantos ou roupas na cor branca, que representa o luto Wiccaniano.

O altar que será utilizado deverá ser decorado com flores e velas nas cores roxa, branca, laranja e negra, bem como com símbolos e estátuas de Deuses Anciãos. Sobre ele, deverão estar algumas frutas, comidas e bebidas preferidas do Bruxo falecido.

Um vaso de barro deverá estar em local de destaque sobre o altar, ao lado de um objeto pessoal do Bruxo falecido que não precisará mais ser utilizado. Enrolado ao vaso deverá estar o Cordão Iniciático do Bruxo.

Fotos e demais objetos pessoais do falecido também poderão ser colocados sobre o altar.

Em um pequeno prato deverá haver sementes, uma vela, um ovo, pó de sangue de dragão e um cálice com água. O prato deverá estar enfeitado com flores e pétalas de rosas.

O Ritual

O Círculo é traçado de forma usual.

Em seguida, um portal é aberto ao Oeste enquanto se diz:

> Hoje estamos reunidos para nos despedir de (dizer o nome da Arte do Bruxo), com quem tantas vezes nos reunimos para celebrar a Deusa.
> O Senhor das Sombras veio buscá-lo para levá-lo ao País de Verão. Que o Confortador possa acompanhá-lo ao lugar onde o Sol jamais adormece, para que nosso irmão reencontre a Grande Mãe e seus Ancestrais.
> Seja bem-vindo a este Rito, (dizer o nome do Bruxo), que é realizado em sua honra!

O Oficiante estende sua mão através do portal e visualiza o Bruxo falecido segurando-a. Dessa forma, ele é conduzido para dentro do Círculo.

Caso o ritual não seja feito com o corpo presente, a foto da pessoa é passada entre os presentes, enquanto se pede que retenham o semblante do falecido na memória.

O Oficiante toca três vezes o sino e diz:

> Feliz será nosso reencontro.
> A promessa então será cumprida, e um dia nos encontraremos em outro tempo, noutro lugar, para nos reconhecermos, nos amarmos e nos reunirmos novamente.
> A Deusa agora preparará (dizer o nome do Bruxo) para uma nova vida!

O Oficiante toca o sino mais três vezes e, em seguida, conduz uma meditação ao som do tambor ou chocalho, dizendo:

> Nosso irmão (dizer o nome do Bruxo) está aqui!
> Sintam sua presença,
> seu sorriso,
> sua voz,

SEU PERFUME.
NOSSO IRMÃO (DIZER O NOME DO BRUXO) ESTÁ AQUI,
NOS ABENÇOANDO E NOS AGRADECENDO POR ESTA ÚLTIMA HOMENAGEM.
ABENÇOADO SEJA!

Um cântico sagrado apropriado é entoado para que as pessoas se unam em amor neste ato. O cântico a seguir é um exemplo do que pode ser cantado:

O SANGUE DOS ANTIGOS CORRE EM NOSSAS VEIAS
O SANGUE DOS ANTIGOS CORRE EM NOSSAS VEIAS
A FORMA PASSA, MAS O CÍRCULO DA VIDA PERMANECE
A FORMA PASSA, MAS O CÍRCULO DA VIDA PERMANECE

Todos cantarão o cântico, elevando a energia do rito, até que a presença do Bruxo falecido possa ser sentida fortemente.

Quando isso acontecer, o cântico é encerrado.

O Oficiante volta-se em direção aos presentes e diz:

TODA MORTE CONTÉM UMA FORTE REAFIRMAÇÃO DA VIDA, POR ISSO RECORDEMOS OS MELHORES MOMENTOS DE NOSSO IRMÃO.
QUANDO O BASTÃO DA FALA CHEGAR ATÉ VOCÊ, DEIXE SEU CORAÇÃO FALAR.

O Bastão da Fala é passado para cada pessoa presente. Neste momento, palavras de carinho, agradecimento e afeto são ditas.

As pessoas poderão também contar os bons momentos que viveram ao lado da pessoa e suas histórias pessoais com ela.

O rito deve alcançar um momento de grande emoção. Quando todos tiverem feito suas homenagens, o Bastão da Fala é colocado sobre o Altar.

Cânticos como os que seguem podem ser entoados para homenagear a alma do Bruxo, enquanto as pessoas meditam sobre este momento:

- QUANDO NÓS PARTIRMOS

Quando nós partirmos
Eles vão ficar
Vento e pedra
Fogo e chuva
Eles vão ficar e nós vamos voltar
O vento vai soprar
E o fogo vai queimar

- LEVA-ME!

Oh, Grande Espírito, guie o meu ser
Oh, Grande Espírito, leva-me
Oh, Grande Espírito, leva-me a quem amei
Leva-me, leva-me, leva-me àqueles a quem amei
Leva-me, leva-me, leva-me àqueles a quem sempre amei

- ANCESTRAIS

Ancestrais, que sua força e bênção estejam entre nós
Ancestrais, que seu amor e presença estejam entre nós
Então, retornem a nós em espírito
Então, retornem a nós novamente
Pois sua luz, poder, força e brilho
Renovam o Círculo para sempre

O Oficiante toca seu sino três vezes e então diz:

> OUÇAM AS PALAVRAS DO DEUS, O CONFORTADOR:
> EU SOU O DEUS QUE ESPERA.
> NO MORRER DE UM ANO, NA ESCURIDÃO DA VIDA, NO FINAL DA TRAVESSIA ONDE NENHUM PÁSSARO CANTA, LÁ DESCANSARÁS NOVAMENTE EM MINHA MÃO.
> NÃO TENHAS MEDO DE OLHAR PARA MINHA CABEÇA DE MORTE, POIS TENHO OUTRAS FACES E OUTRA MÃO PARA CONFORTAR AQUELE QUE CAMINHARÁ COMIGO.
> VEM CONTENTE QUANDO EU CHAMAR. A GRANDE MÃE ASSEGURA MINHA PROMESSA, E NÃO HÁ NINGUÉM QUE POSSA ROUBÁ-LA DE TI, NEM MAL ALGUM PODERÁ FERI-LO ENQUANTO DORMES EM MINHA MÃO.
> LEMBRA QUE EM MIM CONFIASTE NA VERDE PRIMAVERA DOS LOCAIS DE INFÂNCIA, ENCONTRANDO ENCANTAMENTO. ALEGRE ME DESCOBRISTE A SERVIÇO DO VERÃO. A MIM NÃO TEMESTE ENCONTRAR NA CAÇA DA FLORESTA NO OUTONO. NÃO ME EVITASTE NA NEVE DO INVERNO.
> NÃO VISTE O RETORNO DA VIDA À TERRA, ASSEGURADO PELA MINHA GUARDA?
> FAREI EU MENOS POR TI?
> SOU O GRANDE SENHOR DA MORTE, QUE POR TI ESPERA.
> TEM FÉ NA VIDA E EM MIM CONFIA.
> E JUNTOS RETORNAREMOS À GRANDE MÃE.

O cordão que envolve o vaso é desenrolado e seus nós são desfeitos. O cordão é colocado solenemente no interior do caixão ou do vaso, caso o corpo não esteja presente, representando que agora a alma do Bruxo está livre para seguir em direção ao Outromundo.

O objeto pessoal do Bruxo é colocado no interior do vaso, que deverá aguardar sobre o Altar.

O Oficiante então diz:

> VAMOS NOS VOLTAR AO OESTE, ONDE ESTÁ A ILHA DO RENASCIMENTO.
> FECHANDO NOSSOS OLHOS, CONTEMPLEMOS AO LONGE O MAR.
> ESTE É O OCEANO PRIMORDIAL DE ONDE TODA FORMA DE VIDA SURGIU; ELE É O ÚTERO DA GRANDE MÃE, DE ONDE VIEMOS E PARA ONDE RETORNAREMOS.
> CONTEMPLE O MAR E SUAS ÁGUAS, SINTA SUA CALMA E TRANQUILIDADE.

Veja ao longe uma linda Ilha: a Ilha das Maçãs.
Um pequeno ponto de luz sai de onde parece ser essa ilha, navegando sobre o oceano, vindo em nossa direção.
Lentamente, você começa a visualizar que esse ponto de luz é uma pequena embarcação. Nela estão alguns dos Ancestrais amados de nosso irmão (dizer o nome do Bruxo) e seus Deuses de devoção.
Eles vieram buscá-lo para levá-lo até o País de Verão, onde o Sol jamais adormece.
Veja-o indo em direção à barca, que, conduzida pelo barqueiro, segue novamente em direção à Ilha.

O cântico a seguir pode ser entoado até o Bruxo falecido embarcar e o barco desaparecer ao se aproximar da ilha:

O barco está na costa
A viagem está próxima
A Ilha do Oeste aguarda
A sua chegada

O Oficiante pega o vaso que está sobre o Altar e se encaminha ao portal a Oeste. Ele o eleva e então diz:

Temível das Sombras,
Ainda que o conhecimento de ti seja o conhecimento da morte, pedimos que deixes bem abertos teus portões, pelos quais todo homem deve passar.
Permita que nosso irmão (dizer o nome do Bruxo) adentre em teu reino de luz e sombras.
Permita, ó Confortador, tu que és paz e descanso, que ele entre em teus domínios feliz e sem medo, pois sabemos que, após seu descanso entre os nossos, ele renascerá outra vez.
Pela tua graça e pela graça da Grande Mãe, permita que seja no mesmo lugar de seus amados, para que possamos encontrá-lo, conhecê-lo, relembrá-lo e amá-lo novamente!

Que a alma eterna de (dizer o nome do Bruxo) encontre conforto e amor no ventre condescendente da Deusa e lá possa se restabelecer até que chegue a hora de voltar.
O Elo está quebrado!

O vaso é quebrado. Seus cacos são recolhidos e colocados no saquinho de veludo roxo.

O saquinho é colocado no interior do caixão juntamente com o Bastão da Fala (se o ritual estiver sendo realizado dias após o sepultamento, o saquinho será enterrado aos pés de uma árvore frondosa), enquanto o Oficiante diz:

Nossos pensamentos estão agora com você, (dizer o nome do Bruxo).

O portal aberto a Oeste no início do ritual é fechado.

O Círculo Mágico é destraçado de maneira usual.

Enterrando

Se o Réquiem estiver sendo feito com o corpo presente, o próximo passo se concentra em fazer as homenagens finais ao Bruxo falecido durante o sepultamento, para fortalecê-lo simbolicamente no Outromundo.

Antes de o caixão ser colocado no túmulo, o Oficiante faz uma libação de vinho à Terra e diz:

> Nós saudamos a Terra, que é a Mãe que cria e devora sua criação.
> Nós saudamos os espíritos deste lugar, pedindo por suas bênçãos.
> Que o corpo de (diga o nome da Arte do falecido) seja recebido pela Terra em amor e tranquilidade, para que a Deusa receba sua alma eterna.

O Oficiante eleva o prato que contém sementes, vela, ovo, pó de sangue de dragão e cálice de água para as quatro direções.

Ele então lança as sementes sobre o solo e diz:

> Oferecemos a você estas sementes para nutrir seu Espírito.
> Que assim você seja renovado e restaurado.

O Oficiante deposita o ovo sobre o túmulo e diz:

> Colocamos este ovo sobre o seu túmulo para que você renasça, em um novo tempo, numa nova vida.

O Oficiante acende uma vela sobre o túmulo e diz:

> Acendemos esta vela para iluminar seu caminho em direção ao Outromundo.
> Que você caminhe das sombras em direção à luz.

A água do cálice é derramada sobre o túmulo enquanto o Oficiante diz:

AGORA VOCÊ SE UNIU NOVAMENTE AOS ELEMENTOS.
A DEUSA O AGUARDA EM SEU REINO.

O Oficiante joga o pó de sangue de dragão dentro da cova e diz:

NESTE DIA, AS VOZES DE NOSSOS ANCESTRAIS NOS CHEGAM COMO O VENTO SUSSURRANTE.
PEDIMOS AS BÊNÇÃOS DE TODOS AQUELES QUE CAMINHARAM NA TERRA ANTES DE NÓS, PARA ABENÇOAREM (DIGA O NOME DA ARTE DA PESSOA).
QUE ELE(A) ENCONTRE NOVAMENTE AQUELES QUE AMOU.
QUE ELE(A) POSSA ENCONTRAR NOVAMENTE COMPANHIA E CURA PARA SUA ALMA ETERNA.
QUE A TERRA RECEBA SEU CORPO.
QUE O AR CARREGUE SUA ALMA.
QUE O FOGO RENOVE SEU ESPÍRITO.
QUE A ÁGUA PURIFIQUE SEU SER.
QUE A RODA POSSA GIRAR E TRAZÊ-LO(A) NOVAMENTE, PARA QUE A PROMESSA SEJA CUMPRIDA.
DAS TREVAS, A LUZ.
DA MORTE, O RENASCER.
SIGA EM PAZ.
BLESSED BE!

O corpo é enterrado. O rito é encerrado.

Cultuando os Ancestrais

Na Wicca, nutrimos um respeito profundo pelos que vieram antes de nós. A crença de que os Ancestrais vivem em espírito é muito antiga. O culto aos Ancestrais e o respeito aos mais velhos na Arte — os preservadores da sabedoria ancestral de nosso povo — são fundamentais para nós. Encaramos nossos Ancestrais como intermediários entre o mundo dos Deuses e o dos homens, o que nos liga ao Sagrado e a nós mesmos.

De acordo com a prática Wiccaniana, todos nós temos o poder e a habilidade para nos comunicarmos com os nossos Ancestrais, os entes amados que já cruzaram os portais que separam o nosso mundo do Outro. A ligação e comunicação com nossos Ancestrais é um direito de nascimento.

Essa comunicação pode se dar de muitas formas. Ela pode, simplesmente, envolver o ato de recordar um Ancestral importante e fazer uso das lembranças de infância e do contato que tivemos em vida com ele como fonte de inspiração para tomarmos uma decisão. A comunicação com os Ancestrais pode ocorrer também por meio de sonhos e da continuidade de um ideal ancestral. Ela pode ainda se dar de maneira ritual. Na realidade, a capacidade de nos comunicarmos com os nossos Ancestrais é uma extensão da criação e da sabedoria que recebemos de nossos pais. Jamais poderemos saber quem somos se não soubermos de onde viemos, quem foram nossos Ancestrais, suas histórias, seus feitos.

Algumas Tradições Pagãs baseadas na Terra afirmam que todos aqueles que não conhecerem os nomes de seus Ancestrais até a sétima geração jamais conhecerão a verdade de sua alma e de seu ser. Lembrar os nomes de seus Ancestrais significa mais do que conhecer sua árvore genealógica: trata-se da preservação da história da linhagem de sua família, da memória de tudo aquilo que foi importante para a sobrevivência de seus antepassados e da fundamentação dos princípios e valores de sua família.

Na Wicca, o culto aos Ancestrais é algo sagrado e, embora hoje pouquíssimos Wiccanianos conheçam ou realizem os rituais de conexão com os antepassados, eles são considerados a chave de acesso ao Outromundo. Eles simbolizam a energia que nos liga às nossas origens, ao nosso centro, ao verdadeiro sentido da vida. Acreditamos que o processo de reencarnação sempre se dá no seio familiar. Assim sendo, todos somos reencarnações de um de nossos Ancestrais, e os jovens de amanhã, em nossa família, serão a reencarnação de um de nós. Dessa maneira, a reverência aos Ancestrais representa a reafirmação dos laços familiares, a propiciação da harmonia e do equilíbrio individual e coletivo, a honra do passado para que o futuro seja forjado.

Muitas Tradições da Wicca reconhecem e cultuam quatro níveis distintos de Ancestralidade, cada um com seu próprio significado espiritual e papel dentro das práticas rituais e meditativas. Honrar esses ancestrais é uma forma de reconhecer nossas raízes, fortalecer nossa identidade e aprofundar nossa conexão com o sagrado.

1. Ancestrais da Arte

Os Ancestrais da Arte são aqueles que deixaram um legado espiritual e prático dentro da Bruxaria. São bruxas, magos, sacerdotes e sacerdotisas que, mesmo não estando mais entre nós, contribuíram significativamente para o desenvolvimento da Wicca ou de uma Tradição específica. Eles podem incluir figuras conhecidas como Gerald Gardner, Doreen Valiente, Raymond Buckland, entre outros, mas também mestres anônimos que instruíram, guiaram e inspiraram dentro dos círculos ocultos e espirituais. Seu conhecimento, coragem e dedicação abriram caminhos para os que vieram depois. Eles são honrados como fontes de sabedoria ancestral e guias espirituais nos trabalhos mágicos e rituais.

2. Ancestrais do Sangue

Os Ancestrais do Sangue são os nossos antepassados biológicos — pais, avós, bisavós e demais membros da linhagem familiar que já cruzaram o véu e partiram para o País de Verão, o reino espiritual na cosmologia Wiccaniana. Eles são honrados não apenas por terem nos legado a vida e o corpo físico, mas também por transmitirem traços culturais, valores e histórias que moldaram quem somos. Em muitas práticas, é comum criar um altar ancestral com fotos, objetos ou nomes desses entes queridos como forma de lembrança, gratidão e conexão espiritual.

3. Ancestrais do Espírito

Os Ancestrais do Espírito são almas queridas com quem compartilhamos profundos laços de afeto e aprendizado durante a vida, mas que não pertencem nem à nossa família biológica nem à Tradição da Arte. São amigos, mentores, companheiros de jornada, animais de estimação, professores ou pessoas cuja presença marcou nossa existência de forma significativa. Mesmo não estando mais fisicamente presentes, sua influência permanece viva em nossos corações e memórias. São lembrados com amor e, muitas vezes, invocados em momentos de introspecção e necessidade de orientação emocional.

4. Ancestrais da Terra

Os Ancestrais da Terra são os povos originários, os primeiros habitantes das terras onde hoje vivemos. São aqueles cujas culturas, espiritualidades e modos de vida foram muitas vezes apagados ou destruídos por processos de colonização e exploração. Eles representam a ligação profunda entre o ser humano e a terra, e são homenageados em respeito ao solo que pisamos e à herança ecológica e espiritual que nos foi legada. Reconhecer esses ancestrais é um ato de humildade, reverência e responsabilidade ecológica, reafirmando o compromisso com a harmonia entre todos os seres e com a cura das feridas da Terra.

Honrar esses quatro tipos de ancestrais é reconhecer que somos fruto de múltiplas linhagens — espirituais, sanguíneas, afetivas e territoriais. Em rituais, meditações ou simples preces do cotidiano, a lembrança e a gratidão por esses ancestrais fortalecem nosso vínculo com o passado, iluminam nosso presente e orientam o caminho para o futuro.

Os Ancestrais são invocados e convidados a partilhar da maioria de nossos ritos. Muitos são os métodos utilizados na Wicca para a comunicação e reverência aos Ancestrais. No entanto, o ponto de partida para honrá-los deve ser a construção de um espaço sagrado, a ser utilizado como um local focal para meditação e reverência. Uma vez que esse espaço esteja construído e abençoado, os Ancestrais poderão ser contatados diretamente para orientação.

Cremos que a ligação espiritual com os nossos Ancestrais nos torna plenos, inteiros, completos. Ao honrarmos os Ancestrais, honramos nossa história e a nós mesmos. Por meio deles, nos fortalecemos em espírito e nos ligamos ao passado, ao presente e ao futuro.

Construindo Um Altar Para os Ancestrais

Preparando o espaço sagrado

Para a construção de um espaço sagrado, será necessário que você escolha um local de sua casa para servir de altar. Se você tiver um cômodo que seja utilizado apenas para trabalhos mágicos, ótimo — será lá que o espaço sagrado deverá ser construído. Caso contrário, qualquer local da residência poderá servir para tal propósito. O importante é que o local escolhido seja tranquilo, com o mínimo trânsito de pessoas possível.

O primeiro passo é limpar toda a sujeira do local onde o espaço sagrado aos Ancestrais será estabelecido, uma vez que sujeira e desordem atraem energias e forças espirituais desconhecidas e, muitas vezes, indesejadas. Primeiro, a limpeza deverá ser física e, logo depois, espiritual.

A limpeza espiritual consiste, simplesmente, em uma purificação com os quatro elementos ou em uma fumigação no local escolhido. Fumigar consiste em uma limpeza espiritual utilizando a fumaça provocada por alguma erva sagrada. Muitas tradições da Terra utilizam uma concha ou um pote de cerâmica com carvão em brasas para produzir a fumaça. Você poderá colocar as brasas em seu caldeirão e, nele, queimar as ervas. A melhor mistura de ervas para a limpeza astral utiliza cedro e sálvia, que poderão ser usados para a fumigação.

Coloque as ervas sobre a brasa e, então, pronuncie algumas palavras espontâneas que indiquem o que está sendo feito e para quê. Se seus Ancestrais pertenciam a uma determinada etnia e você é fluente em sua língua, simplesmente diga as palavras no idioma deles. Isso estabelecerá uma ligação ainda mais forte, despertando sua memória ancestral e reforçando a reverência. Caso contrário, você poderá usar sua língua nativa para esta função.

As palavras ditas poderiam ser semelhantes às que seguem:

Abençoados sejam os Ancestrais.
Eu, filho de (diga o nome de seus pais, avós, bisavós, tataravós, e continue dizendo o nome de seus Ancestrais que consiga recordar, um a um),
os reverencio.
Abençoado seja o Espírito das plantas que agora utilizo,
que me trará sorte,
que me trará uma casa harmônica,
que me trará sabedoria,
que honrará meus Ancestrais.
Espírito das plantas, eu vos agradeço e abençoo.
Que assim seja!

Deixe, então, a fumaça das ervas se espalhar pelo local onde o espaço sagrado dos Ancestrais será erigido. Limpar energeticamente o ambiente cria uma aura de pureza espiritual para os Ancestrais que você deseja contatar. O propósito da limpeza com a fumigação não é apenas anular as energias negativas, mas também purificar nossas próprias emoções incompatíveis com a prática mágica. Sentimentos como rancor, mágoa, ódio, decepção e inveja podem atrair Ancestrais que se alimentam exatamente desse tipo de energia, e isso acabará por não contribuir para sua própria evolução espiritual. Abençoar o local com a fumaça das ervas assegura que somente Espíritos Ancestrais cuja energia seja compatível com a sua se aproximem.

Enquanto a fumaça se espalha, concentre-se nos desejos expressos pelas palavras proferidas anteriormente. Se possível, leve seu caldeirão para os outros cômodos de sua casa, para que ela toda seja abençoada, nunca esquecendo de suas intenções. A habilidade para manter sua consciência focada neste ato sagrado é o que determinará a qualidade da limpeza.

Use a fumaça de ervas para limpar a si mesmo. Deixe a fumaça envolver todo o seu corpo e mantenha sua mente focada em sua própria purificação.

Depois que a purificação com as ervas tiver sido feita, é hora de selar o local para que as energias banidas não retornem. O uso da água pura é uma excelente forma de selamento energético. Sendo assim, pegue um frasco com água e misture um pouco de essência de lavanda ou do perfume que você mais utiliza, pois isso é um símbolo enviado ao Outromundo de que você possui pleno controle no processo de comunicação com os Espíritos dos Ancestrais — uma forma mágica de demarcar território. Abençoe a água, colocando sua mão de poder sobre ela e dizendo palavras espontâneas, semelhantes às que seguem:

> Abençoado seja o Espírito da Água,
> que me trará sorte,
> que me trará uma casa harmônica,
> que me trará sabedoria,
> que honrará meus Ancestrais.
> Espírito da Água, eu vos agradeço e abençoo.
> Que assim seja!

Respingue a água sobre a área anteriormente abençoada com a fumigação. Respingue gotas da água sobre os batentes das portas e janelas. Confirme mentalmente que a área está sendo abençoada para que somente os bons Ancestrais se aproximem dela. Muitos de nós temos Ancestrais que não devem ser contatados por causa de seu caráter e personalidade. É necessário deixá-los fora de sua reverência, mantendo o pensamento firme de que a comunicação com esse tipo de antepassado não é desejada. Declare verbalmente, se necessário, que tipo de Ancestrais devem se afastar do espaço sagrado e os motivos. Isso é uma regra de segurança para todos aqueles que estão começando seu processo de comunicação ancestral, uma forma eficaz e simples de manter os problemas longe do seu dia a dia.

Quando a limpeza espiritual tiver sido completada, o local estará pronto para que o espaço sagrado aos Ancestrais seja erigido.

Escolha uma superfície plana, como uma mesa, uma parte da estante, uma escrivaninha etc., e, sobre ela, disponha uma toalha branca. Desde muito, o branco é a cor do Outromundo e, por isso, a mais indicada quando desejamos nos comunicar com os Ancestrais. Sobre esse local, coloque um frasco com água e uma vela branca próxima. Inclua sobre o altar fotografias e objetos que remetam aos seus Ancestrais, sua etnia e sua história. Escolha, principalmente, aqueles que você admira profundamente. O simples fato de olhar para as imagens poderá, muitas vezes, servir como um lembrete das contribuições que eles deram ao mundo e de quais passos semelhantes devem ser seguidos por você como forma de honrá-los, transformando o mundo em que vivemos em algo melhor, por meio dos ensinamentos e visões deixados pelos Ancestrais.

Quando o altar aos Ancestrais estiver completamente disposto, acenda a vela branca e foque seus pensamentos por alguns instantes na força deles. Comunique-se com seus antepassados, dizendo por que você está construindo este local de poder. Faça um compromisso verbal de sempre se voltar a este espaço sagrado, que acaba de construir, para honrá-los regularmente com oferendas, meditações e reverência. A partir deste momento, você iniciará a comunicação com seus Ancestrais. Você deve dizer a eles de que maneira deverão se comunicar com você, em quais circunstâncias, usando quais meios e símbolos.

O altar construído se tornará um local de comunicação com seus antepassados, criando uma esfera de poder e forma de pensamento ao seu redor. Se você se voltar ao local de seus Ancestrais somente em momentos difíceis, a energia criada ao redor dele será fraca e dispersa. Porém, se você se voltar ao espaço sagrado em honra aos seus Ancestrais periodicamente, a força espiritual contida nele será intensa, e a ligação com o Outromundo será cada dia mais clara e acessível.

Enquanto utiliza o altar como ponte de conexão, relembre todos aqueles que foram importantes para que você se tornasse quem é hoje, e os que influenciaram fortemente sua personalidade e noção de mundo.

Tudo o que é lembrado vive novamente e, assim sendo, ao desenvolver a conexão com seus Ancestrais, você será capaz de recorrer a eles quando necessário. Recordar como um Ancestral resolveria um problema se estivesse vivo é uma forma eficaz e poderosa de comunicação com ele.

Todas as vezes que você iniciar sua comunicação com os Ancestrais, ao final da conexão uma pequena forma de agradecimento deverá ser proferida, para que eles possam retornar ao seu próprio mundo. Diga palavras espontâneas, semelhantes a estas:

> Abençoados sejam os Ancestrais por sua ajuda.
> Eu agradeço pela sabedoria compartilhada.
> Eu agradeço pela reafirmação da vida e de nossos laços.
> Eu agradeço pelo seu auxílio.
> Sigam em paz.
> Que assim seja!

REVERENCIANDO OS ANCESTRAIS

Quando você for estabelecer sua conexão com os Ancestrais, oferendas podem se tornar uma forma efetiva de comunicação com eles.

Algumas culturas centradas na Terra levam isso muito a sério, deixando lugares à mesa, pratos e copos disponíveis para os seus Ancestrais, que são servidos e honrados todas as vezes em que uma alimentação é compartilhada.

Isso pode ser feito por todos os que honram os Ancestrais, como uma forma de reverência. Os alimentos, frutas e bebidas preferidas do Ancestral poderão ser colocados sobre o altar periodicamente, sendo deixados ali por alguns dias e, posteriormente, enterrados como meio de fortalecer a Terra.

Flores, pedras, uma carta, poesias e cânticos sagrados entoados sobre o altar também são ótimas formas de honrarmos o Espírito de um Ancestral.

Sempre que fizer uma oferenda ao Ancestral, agradeça pelas bênçãos recebidas. Faça os agradecimentos com suas próprias palavras, de maneira espontânea, semelhante ao que segue:

> EU AGRADEÇO A VOCÊS, ANCESTRAIS, POR TODAS AS BÊNÇÃOS A MIM CONCEDIDAS.
> OS FILHOS QUE HONRAM SEUS ANCESTRAIS HONRAM A VIDA.
> ANCESTRAIS, EU OS REVERENCIO COM RESPEITO E AMOR.
> ACEITEM MINHAS OFERENDAS COMO EXPRESSÃO DE NOSSA LIGAÇÃO ETERNA.
> SOU GRATO POR SUAS BÊNÇÃOS.
> SOU GRATO PELA SABEDORIA QUE TÊM COMPARTILHADO COMIGO.
> ABENÇOADOS SEJAM.

O ato de fazer oferendas aos Ancestrais deve ser realizado regularmente.

Consultando os Ancestrais

Sobre o altar de seus Ancestrais, consultas a oráculos poderão ser feitas para que você possa receber orientações dos antepassados diretamente, por meio da arte da divinação.

Se você desejar utilizar práticas oraculares para esse tipo de comunicação, reserve um oráculo especificamente para essa finalidade e deixe-o sobre o seu altar. Assim, o oráculo será magnetizado pela energia dos Espíritos Ancestrais e, com o tempo, se tornará a própria fala deles.

Escolha um oráculo específico da cultura de seus Ancestrais para essa função ou, então, utilize o Tarô, pois, entre os oráculos disponíveis, ele talvez seja o mais universal de todos.

Se você estiver usando o Tarô, designe uma carta significadora para cada Ancestral, de forma que os diferentes Ancestrais que você cultua sejam representados por cartas distintas.

A divinação é sempre realizada por meio de um antepassado específico. Diferentes Ancestrais poderão ser consultados para diferentes questões. Assim sendo, a invocação para abrir uma consulta deve ser dirigida a um determinado Ancestral — geralmente aquele que tiver mais relação com o tema central de sua indagação.

Dialogando Com os Ancestrais

Na Wicca, a comunicação com os Ancestrais jamais se dá por meio da incorporação. Ela ocorre por meio de meditações, sonhos, oráculos, insights etc.

Durante uma oferenda ou ato meditativo em frente ao espaço sagrado construído em honra aos Ancestrais, muitas vezes é possível visualizar mentalmente sua imagem e receber suas orientações. Essa forma de comunicação se dá de maneira intuitiva. O importante é que ela seja efetiva, simbólica e significativa.

Para iniciar sua comunicação com os Ancestrais, simplesmente faça suas oferendas e dialogue com eles, perguntando se existe algum antepassado que deseja se comunicar com você. No princípio, a resposta recebida pode não ser muito clara, mas com esforço você avançará nessa tarefa. Assim, nas primeiras vezes, atente-se apenas à sua intuição e, então, estabeleça um contato mental com seu Ancestral, fazendo perguntas e procurando se abrir para ouvir suas respostas. Pergunte seu nome, o que ele deseja lhe comunicar etc. Se nada for sentido, simplesmente encerre a conexão e tente em uma próxima oportunidade.

Um Ancestral autêntico sempre revelará seu nome a você. Não se espante se, em algumas ocasiões, você desconhecer o nome ou se aparentemente não houver nenhuma ligação genealógica entre vocês. É possível que essa ligação seja desconhecida por você. Se levarmos em consideração que, em espírito, todos somos filhos da mesma origem — a Deusa —, então todos estamos ligados uns aos outros.

Quando você conseguir estabelecer uma comunicação efetiva com algum Ancestral, pergunte se ele deseja que algum item seja colocado sobre o altar, se ele quer compartilhar algum ensinamento com você ou se também era seguidor da Arte em vida, caso você desconheça sua história.

Ao iniciar uma nova conexão com os Ancestrais no futuro, inclua os nomes daqueles que você desconhecia e que se revelaram como seus antepassados durante suas meditações.

Peça auxílio aos Ancestrais durante suas conexões em relação aos seus problemas pessoais, medos e inseguranças.

Lembre-se de que nem sempre os Ancestrais estarão dispostos a responder às suas indagações ou poderão ajudá-lo. Quando isso acontecer, agradeça ao Ancestral e tente novamente em uma outra oportunidade.

Aterrando e Purificando Após uma Conexão com os Ancestrais

A comunicação com os Ancestrais na Wicca segue uma sequência, como qualquer outro ritual:

- Convidar os Ancestrais
- Fazer oferendas em sua honra
- Pedir ajuda ao Espírito Ancestral para a solução de algum assunto ou simplesmente honrá-los
- Meditar para que ele possa transmitir algum ensinamento
- Agradecer pelo auxílio prestado ou pela presença
- Finalizar o ritual, dispensando os Ancestrais
- Voltar ao mundo mundano

Todas as vezes que você estabelecer uma conexão com seus Ancestrais, deverá haver uma vasilha com água e sal sobre o altar.

Ao terminar sua comunicação, você deverá fazer uma limpeza energética. Para isso, molhe sua mão de poder na água e respingue algumas gotas sobre o seu corpo, nos seus chakras e ao seu redor.

Quando tiver terminado, finalize o ritual dizendo palavras semelhantes às que seguem:

Abençoados sejam, Ancestrais.
Agradeço por sua presença e ensinamentos.
Sigam em paz.
Que assim seja!

Após o encerramento do ritual, apague as velas sem soprar, recolha a vasilha com água e, então, alimente-se. Saia para andar um pouco, leia um livro, entre outras atividades. Isso é uma forma prática de aterrar a energia, realizando ações ligadas à vida cotidiana. Abraçar uma árvore ou espalmar as mãos no solo enquanto deixa fluir todo excesso de energia para o centro da Terra também é uma maneira efetiva de aterramento.

Despeje a água contida na vasilha sobre o solo, para que ela seja absorvida pela Terra.

CAPÍTULO 10

Palavras Finais

Aprecie o que vive
Debaixo do arco do Tempo.
Lembre-se: há uma única forma
Que retornará novamente.
Tão única é a relação
Que o universo nos dá:
Você poderá revê-la,
Mas não poderá estar
Naqueles mesmos momentos novamente.

Estas são as correntes do Rio da Vida,
Levando em direção ao Mar,
Passando.
Lembramos
E esquecemos de viver o agora.
Desaparecendo...
Pois muitas recordações nos fazem velhos.
Observando o tempo que passou,
Fazemos como as represas contra o Mar...
Com ondas sobre a costa.

Por Epona

O tema central dos Ritos de Passagem é a vida, incluindo seus ciclos de morte e renascimento. Assim, no decorrer da realização de um Rito de Passagem, um Wiccaniano pode fazer uma reavaliação da vida e de seu significado, utilizando símbolos, mitos e a história de seu povo para compreender esse Mistério.

Dessa forma, o processo de revisão da vida invariavelmente trará à consciência situações traumáticas pelas quais o indivíduo tenha passado. O rito se comunicará com o subconsciente da pessoa e ensinará o caminho de cura da sua alma, do seu ser.

Tais rituais despertam, na consciência, memórias ancestrais que possibilitam a comunicação com o Sagrado, além de despertarem uma grande quantidade de energia destrutiva e sexual, que precisam ser avaliadas, reavaliadas e experienciadas.

Crenças que ainda não foram amadurecidas, tristezas e medos são despertados na mente daqueles que passam pelos Ritos de Passagem. Tais sensações devem ser enfrentadas e vencidas internamente, e o processo ritual é a maneira utilizada para que elas sejam confrontadas.

Quando aquele que atravessa um Rito de Passagem assimila os conhecimentos adquiridos através do processo ritual, ele passa por uma experiência transpessoal de unidade cósmica, de ligação com o Todo, de conexão com suas raízes primordiais. Ele se liga a todos que passaram pelo mesmo rito ou por experiências semelhantes, e é capaz de receber seu poder mágico de maneira sobrenatural e espiritual.

Assim, é possível compreender o verdadeiro significado e propósito dos Ritos de Passagem. Obviamente, o ritual mais importante ocorre na puberdade, pois, nesse período, o indivíduo aprende a superar e vencer seus traumas de infância e os medos que precisam ser deixados de lado para que ele entre na fase adulta.

O Eu e suas crenças pessoais são apagados através de uma morte e renascimento ritual simbólicos. O tema "morte e renascimento" representa a transformação do Eu, dos valores e crenças do indivíduo, de forma que ele seja reorientado para o novo estágio e a posição que ocupará a partir de então.

Os demais Ritos de Passagem, como nascimentos, casamentos, ritos para marcar a menopausa ou a entrada na terceira fase da vida, e funerais, irão se focar mais na manutenção da harmonia com a natureza e na importância dos estágios dentro de uma sociedade, cultura ou comunidade.

Essa manutenção da harmonia refere-se à preservação e ao reforço do estado de equilíbrio atingido através dos ritos de transição na adolescência.

Os Ritos de Passagem desenvolvem-se normalmente em três etapas:

Confinamento: essa etapa inicial simboliza a retirada do indivíduo de seu ambiente habitual, marcando a separação do convívio com a família, a comunidade ou o status anterior. Pode envolver o isolamento físico, mudanças na aparência, ou a renúncia a antigos hábitos e papéis. Essa retirada não é apenas prática, mas também psicológica e simbólica: o indivíduo começa a se desprender da identidade que ocupava até então, abrindo-se para o desconhecido. É o rompimento com o que era familiar, o primeiro passo rumo à transformação.

Transição: neste estágio intermediário, o indivíduo encontra-se "entremundos": já deixou para trás sua antiga condição, mas ainda não foi integrado a uma nova. É o momento mais crítico e simbólico do rito, onde ocorrem os dramas rituais — símbolos, provações, ensinamentos e desafios que expressam a morte simbólica da identidade anterior e a preparação para o renascimento. É um tempo de aprendizagem, introspecção e desconstrução. Valores antigos podem ser confrontados, e uma nova visão de si mesmo e do mundo começa a emergir. Esse limiar é, muitas vezes, acompanhado por ritos de purificação, meditações, testes ou revelações.

Proclamação: a última etapa representa a reintegração do indivíduo à sociedade, agora com uma nova identidade, papel ou status reconhecido formalmente pelo grupo. Pode se dar por meio de cerimônias públicas, nomeações, consagrações ou celebrações. A comunidade reconhece e acolhe essa nova fase da vida da pessoa, legitimando a transformação que foi realizada. É o retorno ao mundo com um novo lugar, uma nova responsabilidade e uma nova forma de ser. Esse reconhecimento fortalece os laços sociais e assegura a coesão do grupo diante das mudanças individuais.

Tipicamente, os Ritos de Passagem iniciam-se com a separação do neófito de seu cotidiano. Sem o sentimento de segurança psicológica que seu ambiente e ritmo de vida diário lhe proporcionam, o neófito começa a se sentir inseguro e com medo do desconhecido. Ele é então ensinado a interpretar suas experiências emocionais de acordo com os valores de seu clã, grupo, sociedade e cultura.

Tais rituais dramatizam episódios míticos ou expressam um tema central, apresentando a relação Homem/Sagrado, Cosmos/Sociedade, Macrocosmo/Microcosmo, Humano/Espiritual e mundo natural/sobrenatural.

Os Ritos de Passagem expressam o reencontro entre os homens, os Ancestrais e os Deuses. Eles fornecem a possibilidade de reestruturar e restaurar as relações sociais e culturais de um povo. Cada cântico, símbolo, gesto e objeto utilizado em um Rito de Passagem revela a relação do ser humano com o Divino e a natureza simbólica da cerimônia. Eles encerram a mensagem que o ritual deseja transmitir, bem como as mudanças que ele busca provocar.

Podemos imaginar os estágios da vida — tão profundamente marcados pelos Ritos de Passagem — como os ciclos de uma grande e sagrada árvore. Cada ser humano, em sua jornada única, ocupa um ponto nesse ciclo vivo, pulsante e eterno de crescimento, transformação e retorno. A árvore, símbolo ancestral de sabedoria e conexão entre céu, terra e mundo subterrâneo, torna-se aqui espelho da alma humana.

Concepção: a semente do mistério

Tudo começa no silêncio do invisível. A semente, pequena e cheia de potencial, é plantada no solo escuro e fértil da existência. Ainda imperceptível ao olhar do mundo, ela carrega em si o sopro da criação, o primeiro chamado da vida. Este é o momento do mistério absoluto — quando o ser ainda é promessa, quando a alma escolhe seu caminho.

Nascimento: o primeiro despertar

Logo após a concepção, a semente desperta. Uma delicada raiz penetra a terra em busca de firmeza, enquanto o broto rompe o solo e se ergue em direção à luz. O nascimento é o instante sagrado em que a vida se revela ao mundo, em que o invisível se torna visível. É o primeiro rito de passagem manifesto, marcado pela presença, pelo primeiro respiro e pelo calor do acolhimento.

Infância: a raiz se aprofunda

Na infância, a árvore começa a formar sua base. As raízes se aprofundam e se espalham, buscando estabilidade e nutrição. Ramos delicados e folhas tenras surgem, tocando o ar pela primeira vez. A criança, como a árvore jovem, é nutrida pelo ambiente, aprende a reconhecer o mundo e a si mesma, e cresce protegida pela terra que a sustenta.

Adolescência: o florescer do potencial

Com o tempo, os galhos se expandem e as primeiras flores desabrocham. A adolescência é o tempo da promessa, da energia vibrante que pulsa no caule e nas folhas. A árvore ainda não conhece plenamente seus frutos, mas sente dentro de si o chamado da criação. Assim como o jovem, ela experimenta a força do crescimento e a descoberta de sua própria beleza, muitas vezes entre ventos e tempestades.

Maturidade: a plenitude do fruto

Na maturidade, a árvore floresce em sua totalidade. As flores se transformam em frutos que nutrem e alimentam, espalhando sementes que darão continuidade ao ciclo da vida. É a fase em que a pessoa se torna criadora de mundos — gerando não apenas filhos, mas ideias, projetos, ensinamentos e colheitas espirituais. Aqui, a árvore não vive apenas para si, mas para o coletivo.

Velhice: a sabedoria das raízes

Quando os frutos são colhidos e os galhos carregam as marcas do tempo, a árvore permanece. Fortemente enraizada, ela oferece sombra, abrigo, memória. A velhice é o tempo da contemplação e da partilha da sabedoria. Mesmo quando não floresce mais, a árvore continua nutrindo a vida ao seu redor, em silêncio, com generosidade profunda.

MORTE: O RETORNO À TERRA

E então, chega o momento da entrega. A árvore, que viveu em plenitude, cai — não como fim, mas como devolução. Seu corpo nutre o solo, suas raízes tornam-se memória, suas folhas alimentam novas sementes. A morte não é ruptura, mas retorno. O ciclo se fecha apenas para recomeçar. O que um dia viveu, morrerá; e o que um dia morreu, renascerá. Assim, a vida honra a si mesma em um eterno movimento.

Rituais de Iniciação[18] também são considerados Ritos de Passagem, mas é necessário fazer uma breve distinção entre eles. Todos os adolescentes obrigatoriamente passam pela iniciação da idade, mesmo que inconscientemente, enquanto uma Iniciação em uma dada Tradição, Coven ou Religião é opcional, marcada pelo desejo individual de cada pessoa.

Assim, os ritos que assinalam a transição da puberdade são mais antigos do que as Iniciações mágicas propriamente ditas e existem praticamente desde o início da vida.

As culturas ancestrais sempre foram pragmáticas e capazes de preparar indivíduos que pudessem desempenhar sua autonomia, ao mesmo tempo em que serviam aos propósitos de sua comunidade, onde o bom senso e o respeito são a base para que haja harmonia.

Hoje, o resgate dos Ritos de Passagem e de seus Mistérios vem ocorrendo entre praticantes do Xamanismo, movimentos espiritualistas alternativos e, principalmente, entre os seguidores da Religião da Deusa, a Wicca.

Isso tem ocorrido paralelamente ao abandono do Cristianismo e dos valores da cultura patriarcal, que contribuíram para a destruição do diálogo inter-religioso e da sabedoria ancestral das culturas centradas na Terra e suas religiões — culturas essas que foram levadas a negar suas identidades ancestrais e a se voltar contra elas.

O retorno aos Ritos de Passagem é um importante marco para o ser humano contemporâneo. O resgate, reconstrução e reinvenção dos ornamentos, pinturas corporais, objetos cerimoniais e de poder tornarão possível o retorno à nossa identidade ancestral.

---

18 Informações sobre a simbologia e ritual de Iniciação estão disponíveis em outra obra do autor, o livro Coven- Criando e Organizando seu Próprio Grupo

Cada membro de uma comunidade, família ou clã poderá reconstruir a constituição fundamental de sua identidade, permitindo que saiba quem é, onde está e a que pertence. Esse resgate espiritual possibilitará o desenvolvimento de pessoas mais saudáveis, humanas, honestas e dignas.

Abençoados sejam!

Claudiney Prieto

COMPÊNDIO

O Círculo Mágico

A principal função do Círculo Mágico é conter o poder que é criado através da vontade, cânticos, danças e práticas utilizadas durante a cerimônia. O Círculo Mágico sacraliza e purifica o espaço que será utilizado para a realização do ritual. Ele é lançado antes de todos os rituais e cerimônias e destraçado ao término de cada uma delas.

Materiais Necessários:

- 1 pires com sal
- 3 varetas de incenso de qualquer aroma
- 1 vela vermelha
- 1 taça com água e sal
- Seu athame

Procedimento:

Vá até o ponto Norte, erga seu athame dizendo:

Eu invoco os poderes dos céus gloriosos e resplandecentes de Luz.

Toque o chão com o athame, dizendo:

Eu invoco os poderes da Terra Sagrada, ventre da Deusa, de onde todos viemos e para onde voltaremos.

Coloque seu athame na altura do umbigo, com a ponta voltada para o lado oposto a você, apontando para o chão, e comece a caminhar pela área onde se encontra, iniciando pelo Norte e seguindo em direção ao Leste, Sul e Oeste. Circunde seu altar e a si mesmo enquanto visualiza uma forte luz branca saindo pela ponta do athame. Circule a área três vezes. Enquanto caminha e visualiza a luz, diga:

Eu traço este Círculo Sagrado de força, magia, luz e poder para me proteger e intensificar as energias que serão criadas e invocadas no decorrer deste ritual. Que este Círculo seja minha ponte rumo aos Deuses, minha fortaleza, e que as energias indesejadas

NÃO SEJAM CAPAZES DE PENETRAR NESTE ESPAÇO SAGRADO DE PODER E MAGIA. QUE, A PARTIR DESTE MOMENTO, EU ESTEJA ALÉM DO TEMPO E DO ESPAÇO. QUE ASSIM SEJA, E QUE ASSIM SE FAÇA!

Pegue o pires com sal, volte-se ao Norte, eleve o pires e então percorra o perímetro do Círculo uma vez, salpicando o chão enquanto diz:

EU ABENÇOO, SACRALIZO E PURIFICO ESTE CÍRCULO PELOS PODERES DO ELEMENTO TERRA.

Pegue as varetas de incenso, vá até o ponto Leste, eleve os incensos em sinal de apresentação e percorra o perímetro do Círculo uma vez, enquanto diz:

EU ABENÇOO, SACRALIZO E PURIFICO ESTE CÍRCULO PELOS PODERES DO ELEMENTO AR.

Pegue a vela, vá até o ponto Sul, eleve-a em sinal de apresentação e percorra o perímetro do Círculo uma vez, dizendo:

EU ABENÇOO, SACRALIZO E PURIFICO ESTE CÍRCULO PELOS PODERES DO ELEMENTO FOGO.

Pegue a taça, vá até o ponto Oeste, eleve-a em sinal de apresentação e ande pelo perímetro do Círculo uma vez, enquanto diz:

EU ABENÇOO, SACRALIZO E PURIFICO ESTE CÍRCULO PELOS PODERES DO ELEMENTO ÁGUA.

Após realizar a purificação da área ritual com os quatro elementos, volte-se novamente ao ponto cardeal Norte. Eleve seu athame e invoque os poderes do Elemento Terra:

EU INVOCO OS GUARDIÕES DAS TORRES DE OBSERVAÇÃO DO NORTE, PODERES DA TERRA, PEDRA ANGULAR DE TODOS OS PODERES. INVOCAMOS VOCÊS E CHAMAMOS VOCÊS:

> Senhora da escuridão exterior, Touro Negro da meia-noite, Estrela do Norte, centro do espiral celeste. Rocha, montanha, campo fértil — vinde!
> Pela Terra, que é o corpo Dela, enviem sua força. Façam-se presentes agora!
> Sejam bem-vindos!

Volte-se ao ponto cardeal Leste, eleve seu athame e invoque os poderes do Ar:

> Eu invoco os Guardiões das Torres de Observação do Leste, Poderes do Ar. Invocamos vocês e chamamos vocês:
> Águia dourada do amanhecer, Caçadoras das Estrelas, turbilhão, Sol nascente — vinde!
> Pelo Ar, que é o sopro Dela, enviem sua luz. Façam-se presentes agora!
> Sejam bem-vindos!

Volte-se ao ponto cardeal Sul, eleve seu athame e invoque os poderes do Fogo:

> Eu invoco os Guardiões das Torres de Observação do Sul, Poderes do Fogo. Invocamos vocês e chamamos vocês:
> Leão vermelho do calor do meio-dia, Ser Flamejante, quentura de Verão, Fagulha de Vida — vinde!
> Pelo Fogo, que é o espírito Dela, enviem sua chama. Façam-se presentes agora!
> Sejam bem-vindos!

Volte-se ao ponto cardeal Oeste, eleve seu athame e invoque os poderes da Água:

> Eu invoco os Guardiões das Torres de Observação do Oeste, Poderes da Água. Invocamos vocês e chamamos vocês:
> Serpente das profundezas do mar, Fazedor de Chuvas, Crepúsculo Cinéreo, Estrela do Anoitecer — vinde!

PELA ÁGUA, QUE É O ÚTERO VIVO DELA, ENVIEM SUA ABUNDÂNCIA.
FAÇAM-SE PRESENTES AGORA!
SEJAM BEM-VINDOS!

Coloque seu athame sobre o altar, eleve suas mãos aos céus e invoque a Deusa e o Deus, dizendo:

EU INVOCO A DEUSA TRÍPLICE,
A DONZELA, A MÃE E A ANCIÃ,
AQUELA QUE POSSUI DEZ MIL NOMES,
A GRANDE DANÇARINA SAGRADA,
AQUELA QUE CRIOU TUDO E TODOS,
PARA QUE ESTEJA PRESENTE AQUI COMIGO NESTE RITUAL,
ABENÇOANDO MEU RITO COM SUA SABEDORIA E FORÇA.

QUE JUNTO A ELA VENHA AQUELE A QUEM PRIMEIRO ELA CONSAGROU,
O DEUS CORNÍFERO,
O GRANDE CONDUTOR DA DANÇA ESPIRAL DO ÊXTASE,
AQUELE QUE CAMINHA PELOS BOSQUES, MONTANHAS E FLORESTAS,
PARA ABENÇOAR MEU RITO COM SUA LUZ E FORÇA.

DEUSA MÃE E DEUS PAI,
DEUSA LUA E DEUS SOL,
SENHORA E SENHOR,
SEJAM BEM-VINDOS!

Acenda as velas que estão sobre o altar e comece seu ritual.
O Círculo Mágico está traçado!

Destraçando o Círculo Mágico

Quando um Círculo Mágico é traçado no início de uma cerimônia, deve ser destraçado ao final da mesma. Dessa forma, agradecemos a todos os Deuses que foram invocados e enviamos as energias que cederam parte de seu poder, para o nosso encantamento, ao seu lugar de origem.

O Círculo sempre deve ser desfeito após uma cerimônia. Isto é um fator importante que não deve ser descartado ou esquecido em hipótese alguma.

Pegue seu athame e dirija-se ao ponto cardeal Norte. Eleve-o e diga:

> Eu agradeço aos Guardiões das Torres de Observação do Norte, Poderes da Terra, por terem trazido sua força e seu poder a este rito sagrado realizado neste dia. Sigam em paz!

Volte-se ao ponto cardeal Leste, eleve o athame e diga:

> Eu agradeço aos Guardiões das Torres de Observação do Leste, por terem trazido sua inspiração e luz a este rito sagrado realizado neste dia. Sigam em paz!

Volte-se ao ponto cardeal Sul, eleve o athame e diga:

> Eu agradeço aos Guardiões das Torres de Observação do Sul, por terem trazido sua coragem e vigor a este rito sagrado realizado neste dia. Sigam em paz!

Volte-se ao ponto cardeal Oeste, eleve o athame e diga:

> Eu agradeço aos Guardiões das Torres de Observação do Oeste, por terem trazido sua fluidez e equilíbrio a este rito sagrado realizado neste dia. Sigam em paz!

Volte-se novamente ao ponto cardeal Norte e diga:

> Eu agradeço a Ti, Grande Mãe, Nutridora e Criadora de todas as coisas viventes.
> Obrigado por ter me auxiliado nesta prática ritualística de hoje.
> Você que percorre os Céus com sua luz resplandecente,
> Brilhe sempre sobre nós, e que seu poder se espalhe sobre a Terra, hoje e sempre.
> Agradeço também ao Deus dos Bosques e dos Animais,
> o Deus Cornífero, por ter trazido sua força e encanto a este rito sagrado.
> Deusa e Deus,
> Senhora e Senhor,
> Sigam em paz!

Pegue seu athame e percorra a área ritual três vezes no sentido anti-horário, enquanto diz:

> Eu destraço este Círculo de luz, poder e magia, que me protegeu e intensificou as energias criadas e invocadas no decorrer deste ritual.
> Eu envio este Círculo ao centro do Universo, seu lugar de origem, para que permaneça lá até que seja necessário retornar ao nosso mundo para mais um rito.
> O Círculo Mágico está aberto, mas não rompido.
> Que assim seja, e que assim se faça!

Abrindo Um Portal no Círculo

Quando alguém precisa sair ou entrar no Círculo Mágico após ele ter sido traçado, é necessário abrir um portal para que essa ação seja realizada.

Abrir um portal é muito simples: basta posicionar o athame ou bastão na borda do Círculo e traçar uma porta no ar, indo do chão em direção ao alto, e depois do alto de volta ao chão. Esse movimento deve ser feito no sentido anti-horário, evanescendo um pouco o Círculo.

Após a pessoa entrar ou sair do espaço sagrado, é necessário fechar o portal.

Para isso, basta realizar o mesmo movimento, agora no sentido horário, enquanto se visualiza a porta se fechando.

O Grande Rito

O Grande Rito, também chamado de Grande Casamento ou Grande Ritual, representa a união da Deusa e do Deus e suas bênçãos àqueles que estiverem presentes na cerimônia.

Geralmente, a bebida utilizada no ritual é o vinho, pois ele simboliza o sangue — a própria vida. No entanto, qualquer outro líquido, como água, cidra, chá ou suco de uva, pode ser utilizado para os mesmos propósitos.

Durante o ritual, o homem insere o athame dentro do cálice que é segurado pela mulher, enquanto dizem palavras semelhantes às seguintes:

> QUE O QUE FOI INVOCADO PELO ATHAME ESTEJA CONTIDO NA TAÇA.
> A UNIÃO DA MÃE E DO PAI É AQUI REPRESENTADA.
> QUE ESTE VINHO TRAGA SAÚDE, SUCESSO, VIDA E BÊNÇÃOS.
> QUE ASSIM SEJA, E QUE ASSIM SE FAÇA!
> BLESSED BE!

CONSAGRANDO E ABENÇOANDO COM OS 4 ELEMENTOS

Esta pequena prática deve ser utilizada quando houver instrumentos, amuletos ou objetos que necessitem de uma rápida consagração antes de serem utilizados.

MATERIAIS NECESSÁRIOS:

- Um pires com sal
- Um incenso
- Uma vela vermelha
- Um cálice com água e sal

Passe o objeto no sal e diga:

> EU TE CONSAGRO, ABENÇOO E PURIFICO PELOS PODERES DA TERRA.
> EU APAGO SUA MEMÓRIA PASSADA PARA QUE VOCÊ SE TORNE UM OBJETO DO MEU DESEJO E SIRVA AOS TRABALHOS DA ARTE.

Repita as mesmas palavras, alterando apenas a expressão "poderes da Terra" da primeira linha para:

> "PODERES DO AR", ENQUANTO PASSA O OBJETO ATRAVÉS DA FUMAÇA DO INCENSO;
>
> "PODERES DO FOGO", ENQUANTO O PASSA PELA CHAMA DA VELA (COM TODO O CUIDADO NECESSÁRIO);
>
> "PODERES DA ÁGUA", ENQUANTO RESPINGA ALGUMAS GOTAS DO CÁLICE SOBRE O OBJETO.

Signos, Aromas e Cores

Na tabela a seguir, você encontrará referências sobre aromas e cores associadas aos signos.

Signo	Aroma	Cor
Aries	Pinho	Vermelho
Touro	Sândalo	Verde
Gêmeos	Alecrim	Amarelo
Câncer	Cânfora	Branco
Leão	Canela	Laranja
Virgem	Benjoim	Marrom
Libra	Rosas	Rosa
Escorpião	Patchuli	Magenta
Sagitário	Almíscar	Azul-marinho
Capricórnio	Cipreste	Preto
Aquário	Lavanda	Azul claro
Peixes	Mirra	Roxo

ERVAS E PLANETAS

A seguir, encontram-se algumas referências das ervas relativas aos planetas:

SOL
angélica, açafrão, alecrim, balsameiro, calêndula, canela, crisântemo, gensiana, girassol, heliotrópo, laranjeira, lavanda, lótus, louro, manjerona, sálvia, sândalo-vermelho, tomilho, trigo.

LUA
alfazema, beldroega, cabaça, canforeira, colônia, junco, nenúfar, papoula, rapôncio, sândalo branco, tamarga, tília, vitória-régia.

MARTE
absinto, acanto, alho, ameixeira-brava, artemísia, aspargo, beladona, briônia, cardo, cebola, cebolinha, dormideira, espinhosa, eufrásia, fava, hortelã, manjericão, mostarda, noz-moscada, pimenta, taioba, urtiga, videira.

MERCÚRIO
acácia, altéia, anis, aveleira, camomila, endívia, madressilva, matricária, margarida, mil folhas, roseira brava, sabugueiro, salsaparrilha, selo-de-salomão, trevo, zimbro.

JÚPITER
agrimônia, aloés, amaranto, betônica, cedro, cerejeira, espinheiro, figueira brava, freixo, gergelim, morangueiro, peônia, sorveira, violeta

VÊNUS
açucena, amor-perfeito, ancolia, cássia, calidônia, coentro, irís, lilás, limoeiro, macieira, malva, manjericão, melissa, mirta, rosa, saião, verbena, vessicária, visco

SATURNO
acônito, arruda, avenca, cactos, cicuta, cipreste, cominho, estramônio, figueira preta, funcho, heléboro, hera, mandrágora, musgo de árvores, parietária, salgueiro, salsa, serpentária, tabaco.

Pentáculo e Sua Relação Com os Elementos

O Pentáculo é o símbolo de toda criação mágica. Ele foi utilizado por muitos grupos de pessoas ao longo da história.

O Pentáculo representa o próprio corpo — os quatro membros humanos e a cabeça. É a representação primordial dos cinco sentidos, tanto interiores quanto exteriores.

Cada uma de suas pontas possui um significado e representa um elemento em particular:

Ponta 1 – Espírito: representa os Criadores, a Deusa e o Deus, pois Eles guiam nossa vida e nos ajudam na realização dos ritos e trabalhos mágicos. O Deus e a Deusa são detentores dos quatro elementos, que correspondem às demais pontas.

Ponta 2 – Terra: representa as forças telúricas e os poderes dos Elementais da Terra, os Gnomos. É a ponta que simboliza os mistérios, o lado invisível da vida, a força da fertilização e do crescimento.

Ponta 3 – Água: representa as forças aquáticas e os poderes das Ondinas. Está ligada às emoções, ao entardecer, ao inconsciente. Corresponde às forças da mobilidade e da adaptabilidade.

Ponta 4 – Ar: representa as forças aéreas e os poderes dos Espíritos do Elemento Ar. Corresponde à inteligência, ao poder do saber, à força da comunicação e da criatividade.

Ponta 5 – Fogo: representa as forças ígneas e os poderes das Salamandras. Corresponde às mudanças, às transformações, à energia e à vontade. É a força da ativação e da agilidade.

O Pentáculo utilizado por nós, bruxos, é tido como o maior símbolo da Arte. Ele sempre tem uma de suas pontas apontada para cima, representando o poder do Espírito sobre a matéria.

BIBLIOGRAFIA

A Essência da Magia - A Arte de Viver, Ed. Martin Claret,1997

ANGEL, Adaamo, *Meditando com as Fadas.* Ed Gaia, 1997

Atlas do Extraordinário, Volumes I e II, Ed. Ediciones del Prado

BARRET, Francis, *O Magus*, Ed. Mercuryo

BETH, Rae, *A Bruxa Solitária*, Ed. Bertrand, 1ª Edição, 1997

BIEDERMANN, Hans, *Dicionário Ilustrado de Símbolos,* Ed. Melhoramentos, 1994

BLANCHEFORT, Jean de, Guia da Magia, Ed. Maltese

BOECHAT, Walter, *Masculino em questão,* Ed. Petrópolis, 1997

____________, *Mitos e arquétipos do homem contemporâneo* , Ed. Vozes, 1996

BONTEMPO, Márcio, *Medicina Natural*, Ed. Nova Cultural

BOURNE, Lois, *Autobiografia de uma Feiticeira*, Ed. Bertrand, 3ª Edição, 1996

____________, *Conversas Com Uma Feiticeira,* Ed. Bertrand, 2ª Edição, 1995

BUDAPEST, Zsuzsanna E., *A Deusa no Escritório,* Ed. Ágora, 1996

BURN, Lucilla, *Mitos Gregos,* Ed. Moraes, 1º Edição, 1992

CABOT, Laurie, *O Amor Mágico,* Ed. Campus, 3ª Edição

____________, *O Poder da Bruxa*, Ed. Campus, 4ª Edição

____________, *O Despertar da Bruxa em Cada Mulher,* 1ª Edição

CALL, Henrietta Mc, *Mitos da Mesopotâmia,* Ed Moraes, 1º Edição, 1994

CAMPANELLI, Dan e Pauline, *Circles, Groves and Sanctuaries,* Ed. Llewelyn, 1993

______________________, *Wheel of the Year,* Ed Llewelyn, 1989

______________________, *Rites of Passage*, Ed. Llewelyn, 1994

______________________, *Ancient Ways*, Ed. Llewelyn

CASTILO, Monteserrat, *Magia Mediterrânea* - Un Manual Práctico, Ediciones Obelisco, 1991

CAVALCANTI, Raïssa, *Casamento do sol com a lua - uma visão simbólica do masculino e do feminino*, Ed. Cultrix, 1990

Civilizações Antigas, Ed. Nova Sampa Diretriz

Civilizações Perdidas, Ed. Nova Sampa Diretriz

CLARK, T Rundle, *Símbolos e Mitos do Antigo Egito,* Ed Hemus.

CONWAY, D. J., A Magia Celta, Ed. Estampa, 1994

__________, *Livro Mágico da Lua,* Ed. Gaia, 1ª Edição, 1997

__________, *Maiden, Mother, Crone,* Ed. Llewellyn Worldwide

COTTERELL, Arthur, *Encyclopedia of Mythology,* Lorenz Book, 1996

CROW, W B, *Propriedades Ocultas das Ervas e Plantas,* Ed. Hemus, 1ª Edição

CUNNINGHAM, Scott, *Magia Natural,* Ed. Gaia, 1ª Edição, 1997

______________, *Guia Essencial da Bruxa Solitária,* Ed. Gaia, 1ª Edição, 1998

______________, *A Verdade sobre a Bruxaria Moderna,* Ed. Gaia, 1ª Edição, 1998

______________, *A Casa Mágica,* Ed. Gaia, 1º Edição, 1999

______________, *Vivendo a Wicca,* Ed. Gaia, 1ª Edição, 2003

______________, *The Magical Household,* Llewellyn Publications, 1996

______________, *Enciclopédia Cunningham de las Hierabas Magicas,* Luis Cárcamo Editora, 1995

______________, *Spell Crafts,* Ed Llewellyn, 2001

DUNWICH, Gerina, *Wicca- A Feitiçaria Moderna,* Ed. Bertrand, 3ª Edição

____________, *Os Segredos da Magia do Amor,* Ed. Bertrand, 1ª Edição, 1994

ELIADE, Mircea, *História das Crenças e das Idéias Religiosas - Da Idade das Pedras aos Mistérios de Elêusis,* tomo I., Volume II, Zahar Editores, 1978

__________, *O Sagrado e o Profano,* Ed. Martins Fontes

__________, *Rites and Symbols of Initiation,* Ed. Harper and Row, 1958

__________, *Cemeteries and Grave markers;* Voices of American Culture, Ed. Logan, 1961

EYMERICH, Nicolau, *Directorium Inquisitorum - O Manual dos Inquisidores,* 1993

FARRAR, Janet e Stewart, *O Deus dos Magos,* Ed. Siciliano, 1ª Edição, 1993

__________________, *Oito Sabás Para Bruxas,* Ed Anúbis, 1º Edição, 1998

__________________, *What Witches Do,* Ed Phoenix, 1991

__________________, *Witches Bible,* Ed Phoenix, 1984

_______________________, *Witches Goddess*, Ed. Phoenix, 1995

FAUR, Mirella, *Anuário da grande Mãe*, Ed. Gaia, 1999

__________, *O Legado da Deusa*, Ed Rosa dos Tempos, 2003

FENTON, Sasha, *A Influência da Lua em sua Vida*, Ed.Círculo do Livro, 1992

FILHO, Domício Proença, *Estórias da Mitologia 1*, Ed Gaia, 2000

_______________________, *Estórias da Mitologia 2*, Ed Gaia, 2000

_____________________, *Estórias da Mitologia 3*, Ed Gaia, 2000

FRANS, Marie-Louise von, *Puer Aeternus - A luta do adulto contra o paraíso da infância*, Ed Paulus, 1992

FRAZER, Sir James George., *O Ramo de Ouro*, Ed. Guanabara koogan, 1982

FORREST, M. Isidora, *Isis Magic*, Ed Llewellyn, 2001

GETTY, Adele, *A Deusa - A Mãe da Natureza Viva*, Edições del Prado, 1997

GILETTE, Douglas & Robert Moore, *Rei dentro de nós - Acesso ao rei na psique masculina*, Ediouro, 1994

_________________________________, *Rei Guerreiro Mago e Amante - Redescoberta dos arquétipos do masculino*, Ed, Campus, 1993

GOMES, Horivaldo, *A Magia das Velas - Teoria e Ritual*, Ed. Pallas

GONNE, Maud, *Celtic Wonder-Tales*, Ed. Dover Publications, 1995

GREEN, Marian, *Magia Para a Era de Aquário*, Ed. Pensamento, 1989

GRIMASSI, Raven, *The Wiccan Mysteries*, Ed Llewellyn, 1997

_______________, *Mistérios Wiccanianos*, Ed. Gaia, 2000

_______________, *Bruxaria Hereditaria*, Ed. Gaia, 2003

_______________, *Encicclopédia of Wicca and Witchcraft*, Ed Llewellyn, 2000

_______________, *Wiccan Magick*, Ed Llewellyn

HALLAM, Elizabeth, *O Livro de Ouro dos Deuses e Deusas*, Ed Ediouro, 2202

HOLLIS, James, *Sob a sombra de Saturno - A ferida e a cura dos homens*, Ed. Paulus, 1997

HOPCKE, Robert H., *Jung, junguianos e a homossexualidade*, Ed. Siciliano, 1993

HOPE, Murry, Técnicas de Autodefesa Psíquica, Ed. Hemus, 1ª Edição

HOUSTON, Jean, *A Paixão de Isis e Osiris,* Ed. Mandarim, 1995

HOWARD, Michael, *O Uso Mágico das Velas e Seu Significado Oculto,* Ed. Hemus

JACKSON, Grahan, *Mistérios da sala de estar - Padrões de relacionamentos masculinos,* Ed. Paulus

JACQ, Christian, *O Mundo Mágico do Antigo Egito,* 2001

JONES, Evan John, *Feitiçaria- A Tradição Renovada,* Ed. Bertrand, 2ª Edição, 1994

JONES, Evan John e Chas S. Clifton, *Sacred Mask and sacred Dance,* Ed. Llewelyn, 1997

JONES, Kathy, *The Anciente British Goddes - Her Myths,*

JOHNSON, Kenneth e Marguerite Elsbeth, *Roda da Lua,* Publicações Europa América, 2000

JOHNSON, Kenneth e Marguerite Elsbeth, *O Castelo do Graal,* Publicações Europa América, 2000

JOHNSON, Robert A., *Homem - A chave do entendimento dos três níveis da consciência masculina,* Ed. Mercuryo, 1993

JUNG, Emma, *Anima e Animus,* São Paulo: Cultrix, 1995

JONES, Kathy, *Legends and Sacred Sites,* Ariadne Publications, 1991

___________, *Spinning the Wheel of Ana,* Ariadne Publications, 1991

K. Amber, *Convencraft: Witchcraft for Three or More,* Ed. Llewellyn, 1999

________, *True Magick: a Beginner's Guide,* Ed Llewellyn, 2002

KAST, Verena, *Pais e filhas, mães e filhos - caminhos para a auto-identidade a partir dos complexos materno e paterno,* Ed. Loyola, 1997

KERÉNYI, Karl, *Os Deuses Geregos,* Ed. Cultrix, 1997

KILLINABOY, Paul, *Rituais de Magia com Velas,* Ed. Maltese

KING, Francis, *Magia,* Ed. Ediciones del Prado

KNIGHT, Gareth, *Prática da Magia Ritual,* Ed. Hemus, 1ª Edição, 1982

____________, *Prática de Exercícios Ocultos,* Ed. Hemus, 1ª Edição, 1984

KRUTA, Venceslas, *Os Celtas*, Ed. Martis Fontes

LEEK, Sybil, *Arte Completo de la Bruxaria*, Edicomunicações S.A.

LEVI, Eliphas, *Dogma e Ritual da Alta Magia*, Ed. Pensamento

LUNA, Mario Roso de , *O Simbolismo das Religiões*, Ed. Siciliano

LURKER, Manfred, *Dicionário dos Deuses e Demônios*, Ed. Martins Fontes, 1ªEdição 1993

Manual do Feiticeiro - Volumes I e II, Editora Três

MARKALL, Jean, *Druidas - Tradiciones y Dioses de Los Celtas*, Ed. Tauros Humanidades, 1ª Edição

MATHER, S L Mac Gregor, *O Feiticeiro e Seu Aprendiz*, Ed. Pensamento

MATTIUZZI, Alexandre A, *Mitologia ao Alcance de Todos*, Ed. Nova Alexandria, 2000

MATTHEWS, Caitlín, *Elementos da Deusa*, Ed Ediouro, 1994

MAURA, *O Manual da Bruxa Autêntica*, Ed. Best Seller, 1994

MCCOY, Edain, *Encantamentos de amor*, Ed. Gaia. 2001

____________, *Inside a Witches Coven*, Ed. Llewellyn, 1997

____________, *Spellworking for Covens*, Ed. Llewellyn, , 2002

McCrickard, Janet E, Brighde- Her Folcklore and Mythology, 2001

Mistérios do Conhecimento Humano, Ed. Nova Sampa Diretriz

MONICK, Eugene, *Castração e fúria masculina*, Ed. Paulus, 1993

_______________, *Falo - A sagrada imagem do masculino*, Ed. Paulus

MOURA, Ann, *Green Witchcraft*, Ed. Llewellyn Publication, 1997

____________, *Origins of Modern Witchcraft*, Ed. Llewellyn, 2000

NEUMANN, Erich, *A Grande Mãe*, Ed. Cultrix, 1996

NIGHTMARE, M. Macha, *Witchcraft and the Web*, ECW Press, 2001

NOWICKI, Dolores Ashcroft, *Manual Prático de Magia Ritual*, Ed. Siciliano, 1ª Edição

O que é Simbologia, Ed. Globo

PAPUS, T*ratado Elementar de Magia Prática,* Ed. Pensamento

REGULA, deTraci, *Os Mistérios de Ísis,* Ed Madrás, 2002

ROSÉAN, Lexa, *The Supermarket Sorceress,* Ed. St. Martins Paperbacks, 1996

PARACELSO, *As Plantas Mágicas,* Ed. Hemus, 1976

POLLACK, Rachel, *O Corpo da Deusa,* Ed Rosa dos Tempos, 1997

PRIETTO, Claudiney, *Wicca - A Religião Da Deusa,* Ed. Gaia, 2000

_________________, *Todas as Deusas do Mundo,* Ed. Gaia, 2002

_________________, *ABC da Bruxaria,* Ed Gaia, 2002

_________________, *Coven - Criando e organizando seu próprio grupo,* Ed. Gaia, 2003

_________________, *Ritos e Mistérios da Bruxaria Moderna,* Ed. Gaia, 2004

_________________, *Wicca para Bruxos Solitários,* Ed. Record Nova Era, 2005

RIVA, Anna, *Golden Secrets of Mystic Oils,* International Imports, 1996

RUSSELL, Jefrey Burton, *A História da Feitiçaria- Feiticeiros, Hereges e Pagãos,* Ed. Campus, Série Somma

SABOYA, Jackson, *Iniciação à Magia,* Ed. Record Nova Era

SALLMANN, Jean Michel, *As Bruxas - Noivas de Satã,* Ed. Objetiva, 2002

SAMS, Jamie, *As Cartas do Caminho Sagrado,* Ed Rocco, 1996

SANFORD, John A., *Parceiros invisíveis,* Ed. Paulus, 1986

SERITH, Ceisiwr, *The Pagan Family,* Llewellyn Publication, 1994

SPALDING, Tassilo Orpheu, *Dicionário de Mitologia*, ed. Cylrtrix 1986

SPROUL, Barbara C., *Mitos Primais,* Ed. Siciliano, 1ª Edição, 1994

STARHAWK, *A Dança Cósmica das Feiticeiras*, Ed. Record Nova Era

__________, *The Twelve Wild Swans,* ed Harper San Francisco, 2000

__________, Circle Round, Ed. Bantam Books, 1998

__________, *The Pagan Book Of Living and Dyiong,* Ed. Harper San Francisco, 1997

__________, *Truth or Dare: Encounters with Powers, Authority and Mystery,* 1988

STEVENS, Jose e Lena, *Os Segredos do Xamanismo*, Ed Objetiva, 1988

SUMMERS, Lucy, *The Book of Wicca*, Ed. Barron's, 2001

TELESCO, Patrícia, *O Poço dos Desejos*, Ed Pensamento, 1999

THIAGO, Miranda Arroyos de San, *O Livro das Feiticeiras*, Ed. Pallas, 1ª Edição

THOMPSON, Janet, *Of Witches*, Samuel Weiser, 1996

________________, *Magical Hearth - Home for the Modern Pagan*, Ed. Samuel Weiser , 1995

TORRES, José Augusto Maciel, *Guia das Ciências Ocultas*, Ed. Pen

VALIENTE, Doreen, *Witchcraft for Tomorrow*, Ed. Phoenix, 1978

VINCI, Léo, *A Magia das Velas*, Ed. Pensamento

__________, *Incenso - Preparo, Uso e Significado Ritual*, Ed. Hemus, 4ª Edição, 1984

WALKER, Barbara G, *A Velha - Mulher de Idade Sabedoria e Poder*, Ed A Senhora, 2001

WELBURN, Andrew, *As Origens do Cristianismo*, Ed. Best- Seller

WHITMONT, Edward C, *O Retorno da Deusa*, Summus Editorial

WORTH, Valerie, *Crone's Book of Charms and Spells*, Ed. Llewellyn, 2002

WOSIEN, Maria-Gabriele, *Dança Sagrada*, Ed. Triom, 2002

WOODS, Gail, *Sisters of the Dark Moon*, Ed Llewellyn, 2001

WYLY, James, *Busca Fálica - Príapo e a inflação masculina*, Ed. Paulus, 1994

Esta edição foi composta pela Ardane, São Paulo, SP.

Os papéis utilizados foram o pólen, gramatura 80 para
o miolo e cartão triplex para a capa.

O texto principal foi composto em fonte Minion Pro 12pt;
e os títulos em Eigerdals 18pt, The Seasons 30 e 16pt e Carmila 60pt.

Impresso no Brasil.